イェール＋東大、国立医学部に
2人息子を合格させた母が考える

究極の育て方

どこに
出しても
恥ずかしく
ない!

小成富貴子

KKベストセラーズ

はじめに

「東大は滑り止めです」

こう聞くと、ちょっと嫌味に聞こえるかもしれません。

世界に挑む長男にとって、日本の大学進学は選択肢にありませんでした。海外の大学受験情報に疎い主人と私にとっては心配なことだらけ。日本では全国模試の成績を見れば、どのくらいのレベルの大学に受かりそうなのか判定が出ますし、実際にセンター試験の点数によって受験先を見極められます。

一方、長男が希望するアメリカの大学受験はシステムが全く異なり、明確な指針がありません。

雲を掴むような状況の中で、

「本当にアメリカの大学になんて合格出来るのだろうか?」

主人と私は不安でいっぱいでした。

「たとえ合格しても日本の大学には進学する気持ちがないのだから、わざわざ受験なんてしたくない」

頑なに拒む長男に、

「でも、どこにも受からなかったらどうするの? お願いだから、安心のために1校だけでいいから日本の大学も受けて」

と懇願。まさに東大受験は文字通りの「滑り止め」だったのです。

「東大が滑り止めなんて聞いたこともないわ! ものすごい英才教育をしてきたんで

しょうね」

長男が無事イェール大学と東京大学に日米同時ダブル合格を果たしてから、よく言われるようになったフレーズです。

でも実は、私はいわゆる「教育ママ」ではありません。

「東大に入れたい！」

ましてや、

「世界の一流大学に学ばせたい！」

なんて思ったことは一度もありませんでした。

秘訣を教えて！　と頼まれてお話しすると「なんだ、そんなこと？」と拍子抜けなさる方がほとんどです。

子どもが生まれる前、主人と私は子どもの教育方針について話し合いを重ねました。その頃の私はまだまだ若く、いわゆる「こども」が苦手。無駄に泣き叫んだり、道路にひっくり返って駄々をこねることが理解できません。

「大人といても和を乱さず、どこに出しても恥ずかしくない子ども」

が理想の一つでした。また、私自身が20歳で1年間スペインに留学した経験から、

「自分の子どもは国際人にしたい」

という考えも持っていました。30年近く前は「国際人」という表現でしたが、今の言葉ですと「グローバルに活躍する人」となるかもしれません。

「どこに出しても恥ずかしくない、きちんとした躾」
「高いグローバルコミュニケーション能力」

この二つが私の子育てのキーワードです。

最初は専業主婦だった私ですが、途中からワーキング・マザーになりました。時間的制約を受ける中で、日々悩み、失敗から学び、試行錯誤を繰り返して、息子たちの今があります。順風満帆に育った長男と、人の何倍も苦労してようやく自分の道を見つけた次男。

同じ親が同じように育てても子どもの気質や成長速度は一様ではありません。でもそれが人間の面白さだと思います。

どちらかというと引っ込み思案だった長男は小学2年生で歌唱力を評価されたことが自信となり、さらなる成功体験を求めて進んで勉強に取り組むようになりました。

受験勉強のために小学4年生から通い始めた塾では一人で問題が解けず、悔しくて泣きながら帰ってくることもしばしば。勉強と並行して取り組んでいた少年合唱団では藤原歌劇団の「マクベス」でソリストを務め、「将来はオペラ歌手になりたい」という夢を持っていたこともありました。

憧れの中学に合格して喜んだのもつかの間。天才ばかり集う学校で自分の生き残りをかけ、皆が一斉にスタートを切る「英語」に着目。大げさではなく365日のうち350日、最低1時間は英語の勉強に励みました。高円宮杯全日本中学校英語弁論大会で全国3位に入賞し、彼のスピーチを聞いた、英語で勝負するビジネスマンの方々の強い勧めで留学を決意。

高校1年生、15歳で1年間アメリカのハイスクールで学びました。そこでも努力を重ね、年度末の成績優秀者の発表でアメリカ人を抑え学校1位に。全米の学校一の生徒だけが参加できる2週間のセミナーを通してハーバードやイェールに進学する仲間と知り合い、アメリカの大学進学を視野に入れ動き始めました。

履歴書に記載するナショナルとインターナショナルのタイトルを増やすため、仲間を集めて「模擬国連大会」に入賞、「英語ディベート大会」で優勝し、共に日本代表として世界で力を発揮しました。最終的にイェール大学と東京大学に日米同時ダブル現役合格。大学時代は更にスペイン語と中国語を習得。現在は世界を相手にする企業で働いています。

社交的な次男は幼稚園でも小学校でもいつも友達の輪の中心にいました。快活で明るく元気いっぱいの子どもらしい子ども。外遊びが大好きでスポーツ万能の人気者でした。でも勉強には何の関心もなく、いつも担任の先生から全然宿題を出さなくて困るとお小言ばかり。個人面談に行く度、ひたすらお詫びをしなければなりませんでした。

「親なら彼の将来をちゃんと考えて、勉強させてください」とよく言われました。でも私は「この子はまだ蕾《つぼみ》。今は夢の中でふわふわしているけれど、いつか目覚めるときが来たらきっと爆発的に力を発揮して自分の道を拓いていく」と呑気に構えていました。

私のエゴで次男に中学受験をさせたことは、私の子育て経験の中でも最も辛く悲しい失敗。今でも本当に申し訳なく思っています。大好きだった学校はエスカレーター式。あのまま中学に進学していたら、その後あんなに苦労を重ねることもなかったかもしれません。結局東京の学校を全落ちし、地方の寮制の学校に進学。中学2年でイジメにあい、地元の学校に転校。1年間勉強して都内の高校に合格しました。

この高校が留学を積極的に勧める学校だったこともあり、ごく自然に15歳で1年間アメリカに留学。でもここでまたもや問題が勃発します。リーマンショックの影響でホストファミリーから家を追い出されることになり、路頭に迷うことに。なんとかお友達になった子のおうちにご厄介になり、無事1年のプログラムを終えて帰国しました。

でも次男の高校は「スキップ」と言って、帰国した時1年飛ばして2年生に戻るシステム。数学や化学が中途半端に抜け落ちている上、テニスに明け暮れてロクに勉強することもなく受験シーズンに突入しました。半端ない読書量のおかげか文章がうまく、小さいときから演技力もあるため、日大の芸術学部に進んだら良いかもしれないとか、相変わらず器用で絵画も上手なので、いっそのこと美大に行ったらどうかしらとか、私は次男にいろいろ提案してみましたが、全部却下。

高校卒業の日、「僕は医者になりたい。これから真面目に勉強することにした」と突然宣言。浪人1年目は札幌に行き、たまのラーメン屋めぐりを息抜きに寮と塾をひたすら往復。1年かけてようやく高校卒業程度の学力を手に入れます。そして2浪目は東京へ。毎朝6時に家を出て塾の開門と同時に勉強をし、見事国立大学医学部に合格を果たしました。

現在は通常の学部の勉強の他に、自ら進んで研究室に所属。癌の抑制遺伝子について研究しています。学んだ医学知識を語る顔は輝いていて、充実した日々が如実に伝わってきます。

8歳で自分の意思で歩み始めた長男と、18歳で目覚めて自分の道を見つけた次男。両極端の二人ですが、成人して私の思い描いた「国際人」として堅実に歩んでいるのは確かです。

本書では私のオリジナルメソッドを、コミュニケーション力、外国語力、具体的勉強法の三つのポイントに絞ってまとめました。

自分で道を拓く意思の強さ、他者の心に寄り添う優しさ、そして日本人としての誇りを持つ子どもを育てたい。そんな思いを込めて創造してきた私のオリジナルメソッドの数々に、難しいことは一つもありません。どなたにでも、すぐに実践していただけることばかりです。

何か一つでも、この本を読んでくださる方々の心に響き、毎日の生活にいかしていただければ幸いです。

2017年3月

小成富貴子

はじめに　3
わが家はこんな家族でした　21

Chapter 1
グローバルコミュニケーション力の育て方

0歳〜
一生モノの「三つの基本」を教える　24
基本1：アイコンタクト＋挨拶／基本2：自己紹介／基本3：感謝と謝罪／大人になっても使える感謝の極意／謝罪は理由と対策を／感謝と謝罪の技術は一生モノ

0歳〜
言葉にする、言葉にさせる　38
「どこがいいのか」言葉にして褒める／怒るのではなく、説明を求める／赤ちゃんでも、説明するとわかる／「どこが痛いのか、悪いのか」自分で説明させる

3歳～
親が自己肯定感を高めてあげる 46
50歳になっても褒められる／ハグは安心と承認を与えられる／背中をさするだけでもいい／成功体験一つで子どもはグンと伸びる

3歳～
家庭で思い切り話をさせる 56
テレビ・ゲームはなし／家族での会話をもっと大事に／「社内会議」ならぬ「家内会議」を開催

3歳～
ゼロから「何か」を生み出させる 64
まずは絵本の読み聞かせ／『桃太郎』の続きを考える／オリジナル・ストーリー『山城けんぞう』／自在にキャラクターを操る／自家製のゲームをつくる／外遊びでも創造力を発揮／粘土は手の届く所に／スーパー銭湯で楽しもう！

3歳～
「習い事」は幅広く用意する 76
自宅を「習い事教室」にしてしまう／わが家のおけいこ遍歴／合唱団は最強の習い事!?

6歳～

「グローバル」の前にまず日本を知る 82
いかに自分が日本人として未熟か／家族旅行は44都道府県制覇／「生きた」地理の学習にも／家内新聞の作成でアウトプット／きれいな日本語を使う

Chapter 1 まとめ 92

column
丁寧な言葉のスタートは「お母さま」

Chapter

2

世界に通用する英語力の育て方

0歳〜
赤ちゃんの頃から耳を鍛える 100
クラシックで耳を育てる／オリジナルの子守唄も

1歳〜
英語のシャワーを浴びせていく 104
歌やビデオで英語のリズムを／絵本で楽しく学習

12歳〜
「シャドーイング」をトコトンやる 110
最強の勉強法「シャドーイング」／いつのまにか英文を暗記

12歳〜
「尊敬できる」教科書に出会う 116
最高の教科書『プログレス・イン・イングリッシュ』

15歳〜
プレゼン、ディベート技術を磨く 120
シャドーイングの成果を発揮した「弁論大会」／交渉力が試される「模擬国連世界大会」／発言力と知識が試される「英語ディベート大会」

15歳〜
高校海外留学のすすめ 128
親への感謝が生まれる／留学で友人が3倍になる／留学と受験の関係で気をつけること

Chapter 2 まとめ 134

column
イェール大学、語学プログラムのすごさ（長男の体験談）

Chapter

3

親子で、一緒にできる家庭で、勉強法

机ではなくリビングで勉強する 142

勉強机は使わない／「勉強しなさい」と言わない／親も「一緒に」勉強をする／過去問もみんなで解いてみる／母親も資格試験など「自分の勉強」を

家の中に勉強の「仕組み」をつくる 148

「それは〝綱吉〟に入っているよ」／勉強の話で一家団欒する／「知らない」で終わらず「教えて」に／忙しい母親でも「ながらクイズ」を／「10回言ってみて」×2回

家の外にも勉強の「仕組み」をつくる 156
夜ゴハンは手抜きでもOK／外食では「お箸袋勉強法」をルーティンに／ナンバープレート計算／ディズニーランドで「知能クイズ」／しりとりは最強／地名しりとり、英語しりとり／言葉クイズ、漢字クイズ／クイズ合戦のススメ／オリジナル語呂合わせ

column
イェールだけでなく、東大へも「入学」

おわりに 170

わが家はこんな家族でした

母

子どもと一緒に楽しむのがモットー。「自分ならこう育てられたらうれしいに違いない」ということを常に考えて実行してきた。その子育て法には工夫がいっぱい。愛称は「お母さま」。

父

キャンプ場から出勤するほどのアウトドア派。得意の親父ギャグをいかして様々な暗記法を提案。息子たちの良き相談役。愛称は「お父さま」。

長男

コツコツを絵に描いたような息子。中学時代は毎日１～2 時間のシャドーイングを行い、ネイティブ並の英語力を自力でつけた。イェール大学、東大に現役ダブル合格。好きなものは電車と歌。中学時代は JR の発車メロディを収集し続けた。大学時代は口笛サークルを主催しCD も作成。

次男

自由奔放だが、決めたら一直線。紆余曲折を経て高校卒業と同時に勉強に目覚める。猛勉強の末、国立大学の医学部へ。小さい頃からの生物好きが高じて、遺伝子の研究をしている。一人暮らしの部屋では、今でもカブトムシやクワガタを飼育。本が大好きで、気が向くとちょこちょことエッセイも書く。

Chapter 1

グローバルコミュニケーション力の育て方

0歳～

一生モノの「三つの基本」を教える

わが子をグローバルに活躍できる子どもに育てる。そのためにはまずコミュニケーションの「基本」を教えること。私は子どもたちが赤ちゃんの頃から「アイコンタクト＋挨拶」「自己紹介」「感謝と謝罪」という三つの基本を教えてきました。

基本1：アイコンタクト＋挨拶

私が**まず子どもに教えたのは、アイコンタクト**でした。

外国人に比べて日本人はこのアイコンタクトが苦手な人が多いからです。例えば欧米の方は通りですれ違ったり、エレベーターに乗り合わせたりするときにも、目を合わせてニッコリします。挨拶をするときも目を合わせるのは基本です。もちろん会話をするときにも視線をそらすというようなことはありません。

きちんとしたアイコンタクト、これをできるようにすることが子どもが国際人として生きていくための第一歩だと考えていました。これは**0歳からでも、教えることができます。**

親が赤ちゃんの目を見てニコニコしていれば赤ちゃんも自然に目を見てニコニコしてくれます。とにかく話しかけるときはいつも目を見てあげることが大切です。「目と目を合わせようね」と言葉にしたり、「目を見てくれてうれしいわ」と喜びを伝えるうちに「アイコンタクトをとることはいいことだ」と子どもの心に伝わっていきます。

子どもが言葉を発し始めるのは楽しみなものです。泣くことしかできなかった赤ちゃんが「あー」とか「うー」と音を発するようになり、あるとき突然単語らしきものを発します。長男の初めての言葉は私の名前でした。次は私が主人を呼ぶときの愛称。一番たくさん耳にしてきた言葉を発することは自然なことのように見えて、実は奥深いことだと思います。「ママ」や「パパ」のような単純な言葉ではなかったことで、赤ちゃんの秘める可能性の高さに興奮したことを今でも覚えています。

それからは、小さな頃飼っていた**オウムに教えるように挨拶を教えました。**朝は「おはよう」、昼には「こんにちは」です。

子どもが話し始める時期には個人差があります。わが家は長男が1歳6カ月頃、次男は1歳10カ月頃でした。逆に歩き始めたのは長男より次男の方が圧倒的に早くてびっくりしたものです。話すのが早い遅いは発達上全く問題がない、と小児科医である父がいつも言っていました。

2歳になる頃には、どの赤ちゃんもおしゃべりが始まると思います。**そのときが挨拶を教えるチャンスです。**目を見て、ニッコリしながら挨拶ができる。当たり前のようで、きちんとできる子どもは少ないものです。でも人と人が出会い、コミュニケーションを取る、その基本がアイコンタクトと挨拶。小さいときから自然にできるよう導いてあげてほしいです。

基本2：自己紹介

挨拶ができたら次は自己紹介です。

自己紹介は子どもたちが2歳のときから始めました。自己紹介の最終目標は次の四つの要素がきちんと伝えられるようになることです。

◆苗字
◆名前
◆年齢
◆好きなこと

まず最初は「お名前は何ですか？」と聞きます。そして「やまだたろうです」と答え方を教えます。ポイントはちゃんと**名前の後に「です」をつけて文章の形にする**ということです。

子どもを授かったときに、主人と子育ての方針について話し合いを重ねました。いくつか決めたことの一つが**「赤ちゃん言葉は使わない」**ことでした。「ぶうぶ」ではなく「くるま」、「わんわん」ではなく「犬」、といったようにきちんとした言葉を使うことを大切にしていたのです。

名前を言えるようになったら次は年齢です。「やまだたろうさんは何歳ですか?」と尋ねます。そしてまた「2歳です」と答え方の模範を示します。**「です」をつけて、自分の名前と年齢を相手の目を見て言える。**それだけで、周りの大人の評価がぐっと高まります。「しっかりしているね」「えらいね」と褒めてもらえることで「また別の機会があったら言いたいな」と自然に思うようになります。潜在的な成功体験にもつながります。

3歳ぐらいになって自分の好きなものがはっきりしてきたら**「好きなものは○○です」**を加えるようにします。

例えば長男の場合だとこんな感じにしていました。

「こなり○○です。３歳です。好きなものは電車です」

幼稚園の年長で東京に引っ越ししてからは東急東横線沿線に住んでいました。そうすると自己紹介も進化しました。

「こなり○○です。５歳です。電車が好きです。東横線の駅の名前を全部言えます」

このような自己紹介を大人に対してできれば、**会話がどんどん発展していきます。**相手の方は「どうして電車が好きなの？」「今日も電車で来たのかな？」「新幹線は乗ったことある？」「おじさんも電車が好きなんだよ」などと、よく話しかけてくれます。

自分が興味のある話題であればたとえ初対面の人であっても、また年の離れた大人であっても、自発的に話ができるものです。子どもたちも自己紹介で終わらずに、自分の持っている電車のおもちゃや好きな電車についてどんどん会話を広げていくことができ、人と話をすることに関して抵抗を感じなくなりました。

また子どもたちは小学生のとき少年合唱団に所属していたので、海外の方や年の離れた大人たちに接する機会が多くありました。そのようなきちんとした場でも自己紹介ができることで、彼らのコミュニケーション能力はますます磨かれていったと思います。

こういった積み重ねが後に日本語であれ英語であれ、**「自分の意見を物怖じせずにしっかり相手に伝える」**という「発言力」にもつながっていきました。

基本3：感謝と謝罪

基本の三つ目は、**感謝と謝罪の仕方**です。

まずは感謝についてお話しします。

感謝の仕方において私がしたくなかったことは、子どもに無理矢理「ありがとう」と言わせること。

母：「ほら、ありがとうは？　ありがとうと言いなさい」

子ども：「……ありがとう」

よく目にする親子の光景ですね。

これでは相手に対する感謝の気持ちは全く伝わりません。「ありがとう」の意味をしっかりと子どもに考えさせ、心からの感謝の気持ちを伝えられるようにする。そのために、

「～だから、ありがとう」

と言えるようになることを目指しました。「～だから」という理由付けをきちんとすることがポイントです。「ありがとう」という感謝の言葉に加え、理由付けの言葉があると気持ちがより一層深く相手に届きます。

「おいしいクッキーを、ありがとう」

「ぼくが大好きなイチゴを、ありがとう」

このように言われると、あげた人も思わずうれしくなってしまうものです。ただお

ざなりに「ありがとう」と言うのではなく、相手の心を動かす「理由のあるありがとう」を言えるようになること。これは私がこだわった感謝の方法です。

大人になっても使える感謝の極意

実際大人になってからも、**この感謝の方法はとても役に立ちます。**

例えば誰かにごちそうをしたとき、「この間はごちそうさまでした」だけではなく、「久しぶりに美味しいお肉を食べられて幸せでした」と言われたら「連れて行ってあげてよかったな」と思うものです。

逆に誰かにご飯に連れて行ってもらったときも具体的な理由を添えて、相手の心を動かすお礼の言葉が伝えられるかどうかはとても重要です。

「お野菜がすごく新鮮でしたね」

「盛りだくさんのデザートには感激しました」

など、具体的な表現があると相手の方もうれしくなってしまうものです。こういったことが**自然にできるようになるためには、子どもの頃からの日々の積み重ねが大切です。**

また、日本人はその場でプレゼントを開くという習慣はありませんが、外国ではその場で開き、感謝の気持ちを伝えるということがよくあります。私のスペイン人の友人などはその場ですぐにプレゼントを開き「どんなにうれしいか」を**表情と言葉で伝えてくれる**のです。その様子を見ているだけで、「次はこんなものをプレゼントしたいな」と、自分までワクワクしてしまいます。

心のこもった「ありがとう」が言えるようになるために、感謝の仕方を子どもの頃から教えておく。これは先生や上司といった身近な人だけでなく、世界の人々と付き合っていくこれからの子どもたちにとって、とても大切なことなのです。

謝罪は理由と対策を

謝罪についても基本は感謝と同じで、**理由を言えることが大切**です。

「～して、ごめんなさい」

が基本の形になります。

「大切なお皿を割ってしまって、ごめんなさい」
「約束を守らなくて、ごめんなさい」

でも、これは子どもにとって感謝より少し難しいはずです。

なぜなら、ときに本人が「自分は悪くない」と思っていることがあるからです。「弟のおもちゃをとったのは、もともと自分のものだったからだ」など、子どもにはそれなりの理由があるものです。

だからこそ**なぜ母親が怒っているのかを、よく考えさせる**必要があります。

母：「じゃあどうして、こんなに怒っていると思う？」
子ども：「えーと、頭をたたいたから？」
母：「そうでしょ。頭をたたかれると嫌だよね。他の人だって同じだよ」

と、一度子どもの頭の中でしっかりと理由を整理させる。その上で「頭をたたいてごめんなさい」と言えるように促します。

それができるようになったら、謝罪に関してはもう一歩進みます。**「対策」を報告させる**のです。親は、

「じゃあ、次からどうすればいいかな？」

と聞いてあげます。

「～してごめんなさい。次からは～して、～しないようにします」

ただ頭ごなしに謝らせるのではいけません。「なぜ、今謝らないといけないのか」**【原因の整理】をし、繰り返さないための【対策】を立てる、というステップ**を子どもに踏ませるのです。先ほどの例であれば、「頭をたたいてごめんなさい。次からはまず『返して』と言って、たたかないようにします」といった感じです。

感謝と謝罪の技術は一生モノ

感謝も謝罪も、どんなに心の中で思っていても、**口に出さなければ相手には伝わりません。**とくに日本人は海外の方に比べて、そういう所が不得手な方が多いです。伝えるときは具体的に、**何がうれしかったのか、何に対して申し訳なく思っているのか、同じことをしないためにどうしていくのか**を、言葉にして相手に伝える習慣をつけることが肝要です。

私はクリニックや販売の現場で社員教育を行っているのですが、子育てのときと全く同じことをスタッフに教えています。**感謝と謝罪の方法は、大人になっても、もちろん外国でも通用する**ものです。ぜひ早いうちから機会を逃さず、お子さんに伝えていただけたらと思います。

一生モノの「三つの基本」を教える
⇒こんな力がつく!

コミュニケーション力
説明力

0歳〜

言葉にする、言葉にさせる

最近は日本人の間でも、「言わなくてもわかるだろう」という考えは通用しなくなっています。言語の違う海外の人とであればなおさら、的確な表現力が求められています。それを伸ばすには、赤ちゃんの頃から一つ一つ言葉にして説明してあげることが大切です。

「どこがいいのか」言葉にして褒める

自分の思っていることをわかりやすく他者に伝える技術も、小さい頃から訓練すべきことの一つです。まずは親自身がお手本を示しましょう。

褒めるときには**「どういう所に自分が感動しているのか」**が伝わるように言葉を選びます。小さい頃はただ「すごいね！」と言うだけでも喜ぶかもしれません。でも成長するに従い、それだけでは心に響かなくなっていきます。

小さいうちからより具体的に伝える工夫を重ねることで、子どもたちも自然に真似をするようになります。

例えば絵を描いたら、

「いろんな色を使っているから、見ていると楽しい気持ちになるね」

「目の付けどころが独創的でいいね」

という風にわかりやすくポイントをあげます。さらに、

「どうしてこの色を使ったの？」
「なぜこのテーマを選んだの？」

と「理由」を質問してみます。

質問というのは、相手に関心を示すための大切な方法です。**自分が得意な分野について質問をされて、嫌がる人というのはいない**ものです。どんどん子どもに質問をして、今度はお子さんの口からその作品や出来事について説明をしてもらいましょう。

こうすることで親子そろって、「いい所を言葉にする」という経験を持つことになります。

怒るのではなく、説明を求める

「褒める」の反対、「怒る」です。

「怒る」と書きましたが、どちらかというと私の怒り方は**「説明を求める」**に近いと思います。反抗期には**「論理的に怒られるのがイヤ」**と言われたりもしました。

まず「どうして私が怒っているのか」「なぜこんなに悲しいのか」を説明します。何が原因で母親を怒らせたり、悲しませたりしたのかわかってほしいからです。

そう伝えた上で、「なぜこのようなことになってしまったのか」説明を必ず求めます。そうすると子どもたちは、自分のモヤモヤした気持ちを言葉にしなければならないのです。これは**表現力を伸ばすための良い訓練にもなりました。**

怒られて落ち込んでいるときにでもちゃんと発言できる。自分の気持ちに向き合える。これは大人でも簡単にできることではありません。本当のコミュニケーション能力というのは、こういったときに試されるのかもしれません。

赤ちゃんでも、説明するとわかる

子どもに対する**「何でも説明する、させる」**というスタンスは、私の若い頃の経験が影響しているかもしれません。私の父は小児科医でした。予防注射の季節になると私もお手伝いにかり出されることがあり、そこで気がついたことがありました。

小さな赤ちゃんでも、「今から何をするのか、なぜしなければならないのか」を母親がきちんと**説明をしていると、注射をされても我慢する子が多かった**のです。

「今日注射をするんだけど、これはあなたの体にとってとても大切なことなのよ。先生たちもなるべく痛くしないように考えてくれているの。でも、少し痛いかもしれない。だけど大事なことだから我慢しようね」などと説明された子は、本当に頑張ります。涙をためたとしても、ぐっとこらえている。泣き叫ぶようなことはありません。

それは驚くことに小さな赤ちゃんであっても同じです。赤ちゃんだから言い聞かせても仕方ない、などということはないのです。

そういった説明がなく突然注射を受けなければならない子はかわいそうです。闇雲に泣き叫んで、挙げ句の果てに親に怒られてしまいます。

言葉にして説明するということはとても効果のあることだと私はこのときに学びました。

「どこが痛いのか、悪いのか」自分で説明させる

「言葉にさせる」という点においては、私は厳しかったかもしれません。
例えば具合が悪くて病院に連れて行ったとき、できるだけ私は口をはさまず、子ども自身に自分の状況を説明させるようにしてきました。

「お腹の下の方が針でさしたみたいに痛い」

といった具合です。子どもの代わりに説明してあげる親御さまも多いと思いますが、私はこういった機会を大切にしていました。知らない人の前で、自分の言葉を使って、相手にわかるように説明をする。子どもにとってはかなりハードルが高いかもしれませんが、これが表現力につながります。
そして**つたなくても一生懸命説明する**様子を見て、お医者さんや看護師さんにも好

意を持って接してもらえます。

知らない人と会う機会をたくさん持つと、それだけ説明を伴う会話が増えます。

私は**大人の集まりにも、チャンスがあればできるだけ子どもたちを同席させる**ようにしていました。これは預ける先がなかったというのも理由の一つではありますが、知らない大人との会話の仕方、会合でのマナーなどを学んでほしいと思っていたからです。

もちろんそのために事前に**どういう態度をとるべきか、しっかり説明して言い聞かせて**から行きました。

先日、次男と話をした社会人の方が「(次男は) 行間を埋めるようにお話をされるので、わかりやすいですね」とおっしゃっていました。

次男は話をするときに、相手がきちんと理解できるように、単語の意味を補足したり、具体例を多く挟んだりしているというのです。その方は大勢を相手に話をする立場にあり、自分がいつも心がけていることをまだ若い次男が自然に行っていることに驚かれたようです。

このように日本語で誤解なく説明ができるようになっていれば、これが英語や他の言語になっても役に立ちます。グローバルコミュニケーション力という意味においても、まず母語でしっかり説明できるということは、とても大切なことです。

言葉にする、
言葉にさせる
→こんな力がつく!

論理的思考力

説明力

表現力

3 歳 〜

親が自己肯定感を高めてあげる

日本の子どもたちは「自己肯定感」が低いと言われています。でもそれを高めるのは親のちょっとした心がけ一つです。私自身も母親から丸ごと認められているという安心感が、大きな自信となりました。

50歳になっても褒められる

日本の子どもたちは、自己肯定感が低いと言われています。

それは「自分はこんなことができる」と自慢するのは恥ずべきこと、という美徳が昔から日本人の倫理観に根づいているからかもしれません。わが家も主人は「自分の良い所を口にする人の気が知れない」という大変日本人らしい考え方の持ち主です。対して**私は自分の良い所を口に出すのが大好き**です。例えば料理を作ったときに「今日のお味噌汁はお出汁がきいていて、ものすごく美味しいね。私って天才じゃない？」という具合。能天気というか楽天的というか。そんな私を見ていつも主人はあきれています。

どうして私は自己肯定感の高い人間になったのでしょう。

実は私は物心ついた頃はかなりの引っ込み思案でした。幼稚園時代に引っ越しが重なり、新しい先生に馴染めず、お友達の輪に入っていく勇気がありませんでした。でもいつも母だけは私のことを認め、小さなことでも「ふきこちゃんはすごいわね」と褒めてくれました。実は今でも**50歳にもなる娘をことあるごとに褒めてくれます。**

繰り返される**母の褒め言葉がいつしか脳に良い影響を及ぼし、自分の良い所を素直に認める脳へと変化**していったのだと思います。

「褒められるっていいものだな、うれしいな」という幼少期の体験から私は子どもを褒めちぎって育ててきました。

ハグは安心と承認を与えられる

先ほどお話しした「言葉で褒める」というのは、自己肯定感を高める良い方法です。でもそれよりももっと簡単な方法があると言ったら驚かれるでしょうか。

それは**「スキンシップ」。ハグはその代表です。**「何歳からでも」「何歳になっても」し続けることができます。

また、挨拶としてのハグ文化を持つ海外の方も多いので、グローバルコミュニケーション力を伸ばす一助になります。**ハグをされると、ともかく丸ごと認められたように感じられる**ものです。言葉はなくても、相手に安心と承認を与えることができる。

こんな素敵な方法はありません。

私は、**毎朝子どもたちにハグをして学校に送り出していました。**

思春期の頃は少し恥ずかしく感じるときもあったかもしれません。わが家でこの習慣が定着したのは留学をしてからです。

わが家の子どもは二人とも15歳のとき、1年間アメリカに留学しました。アメリカではハグはごく自然に友情や愛情を示す行為として定着しており、16歳で帰国したときは彼らにとって**何も特別なものではなくなっていました。**

そして、受験の合格時など子どもたちも何かうれしいことがあったときや、長く家を離れるときには、自分からハグをしてくれるようになりました。社会人や大学生になった今でもそうです。帰宅したとき、または祖父母を訪ねるときなど一人一人をしっかりハグしてくれます。

私自身が「ハグっていいな」と感じて実践するようになったのは、20歳の頃スペインに留学していたときにさかのぼります。スペインで一番ポピュラーな挨拶は、ドスベソスといって両方のほっぺたにチュッチュッと音を出してキスの真似をするものですが（男性同士はしません）、ハグも一般的です。こういった親密な挨拶がすごく温かくていいなと思ったのです。

私は今では家族だけでなく、友達にもハグをしています。ぎゅっとされると、ほっとしますし、ハグをした方だって温かい気持ちになることができるのです。

相手を丸ごと認めて、安心させることができるのがハグの魅力。小さい頃ぎゅっとしていたのに、やめてしまう方も多いようですが、ここは一踏ん張り！　ぜひハグをし続けてもらえればと思います。これが**自己肯定感を高める一番簡単な方法**だからです。

背中をさするだけでもいい

それでも「ハグは難しい」「すでに子どもが大きい」という方には、**背中をさする**ことをおすすめしています。背中といっても広いですが肩甲骨の上あたりです。私はここを**「安心スポット」**と呼んでいます。

クリニックの患者さんが悩んだり、落ち込んだりしているときには、話を聞きながら、横に座ってそっと背中をさすります。患者さんにハグをするのは難しくても、背中をさすることはできます。そして背中をさすられるとすごくホッとするものです。安心と自己肯定感を与えられる**スキンシップの重要性は、強調しても強調しすぎることはありません。**

成功体験一つで子どもはグンと伸びる

自己肯定感を育む意味で、子どもの成功体験を見逃さないようにしたいものです。これはどんな小さなことでも構いません。

長男が勉強に目覚めたのも、小さな成功体験がきっかけでした。小学2年生のときのことです。それまでは早生まれということもあり、皆に追いついていくのが精一杯という感じで端から見ていても心配でした。

しかし転機がありました。小学校で来賓の方の前で合唱を披露する機会があり、2年生の担任の先生が「(長男は)歌が上手だよね」と独唱のパートを任せてくれたのです。長男は幼稚園の頃からとても歌が上手でした。普通幼稚園生というのはメロディー通りに歌えない子どもがほとんどです。でも長男はきちんとメロディーを意識して歌うことができていました。もしかすると小さな頃からずっとクラシック音楽を家で流していたことで、自然と音程が取れるようになったのかもしれません。

初めて先生に「選ばれる」という体験をし、学校の代表として歌ったことで、先生やお客さまのみならず周りの友人たちにも「小成、歌うまいよ」と褒められました。それがとてもうれしかったようで、長男の中で**「また褒められたい」**という気持ちがどんどん育っていきました。そして**「褒められるにはどうしたらいいだろう?」**と考えるようになったのです。

本格的に勉強に取り組み出したのは、その頃からです。「教科書を先に読んで漢字を覚えておけば、先生に褒められるかもしれない」という風に考えるようになり、それが現在まで続く自習の習慣につながっていきました。

次男 イジメも気にならなかったのは自己肯定感があったから

中学時代の話をさせてください。僕は中学はとある寮制の男子校に入学しました。

学校生活は楽しく、勉強にも打ち込んでいたのですが、中学2年生のときにイジメという少しボタンをかけちがったようなことがありました。自分の置かれている境遇に対して深く思い悩む、というようなことはもともとないので、イジメられているとしてもそんなに深刻には捉えていませんでした。イジメというのは「当番制」のような所がありますから、今は自分がイジメられているけれど、そのうちターゲットが誰かに変わるだろうと考えていました。

また、イジメている子のうちの一人と二人きりになったとき、彼が非常に気まずそうにしていたので「本気で嫌っているわけではないんだな」というのも感じました。本気で嫌っていたら、気まずい訳はないですよね。実際、彼自身が僕の前にイジメのターゲットになっていましたので、生活する上での「必要悪」としてのイジメなんだと思っていました。待っていれば終わるだろう、というのがそのとき感じたことです。

「何か自分に問題があって起こった出来事ではない」ということはわかっていました。多分大半のイジメは、そういうものだと思います。ですので、わりとのほほんとかまえていました。

周りの人には、このように考えられるのは「自己肯定感が高いからだ」と言われました。確かに振り返ってみて「自分が悪いからイジメられるんだ」という風に、自分に対して否定的な気持ちになることはありませんでしたから、そういうことなのかもしれません。「オレなんて」という思考に陥らなかったのは確かです。

ただ、あまりイジメを気にしていなかったということが気に食わなかったのか、どんどんエスカレート。そして心が傷つくことが起き、とうとう先生の知るところとなり親にも伝わってしまいました。この頃、中学2年生の自殺が立て続けにあったことも、母の不安に火をつけたようでした。心配した母がある日学校の先生と話をし、先生の説明に納得がいかなかったのかその日のうちに荷物を全て撤収して、東京に舞い戻ることになりました。

とはいえ、自分は学校を辞めるつもりなど全くなかったので「オレ辞めるんだ。

まじかよ」という感じでしたが。

それにしても、このようなときの母の行動力は凄まじく、自分の人生の転機はこのような形で、母の勢いに引っ張られていることがあるのです。

親が自己肯定感を高めてあげる
⇒こんな力がつく!

サバイバル力
積極性

3 歳 〜

家庭で思い切り話をさせる

会話はコミュニケーションの第一歩です。わが家では基本的にテレビを見ないことにしていたので、自然と食事時に会話が生まれていました。さらに「家内会議」などの場を設けたことが発言力を高める訓練になりました。

テレビ・ゲームはなし

子育てをしていた頃は、テレビはつけませんでした。

家事をしている間、子どもにテレビを見させておいたり、ゲームをさせておいたりということはありませんでした。また、食事をしながらテレビをつけておくということもありませんでした。

子どもたちは、私はテレビに興味がない人間だと思っていたようですが、実はテレビは大好きなのです。ドラマであれば1秒で映像の世界に入ることができます。そして一度のめり込んでしまうと見るのをやめることができないタイプです。

ですから逆に子育ての間は、絶対に見ないようにしていました。とくに子どもが小学生の頃は仕事から戻ると、しなければならないことが山のようにありました。泥だらけの体操服をキレイにしたいし、シャツにアイロンもかけたいし、お弁当の準備もしたい。そんな風に考えていると、とてもテレビをのんびり見ている時間はありませんでした。

しかし、結果的に**これが家族の会話を増やすことにつながったのです。**

テレビがないとおのずと子どもは親の方へ関心が向きます。もちろん、家事の合間に話しかけられて、手を止めなければならないこともありました。しかし共働きであれば、このような家事をしている間のおしゃべりも、子どもとの貴重なふれあいの時間です。

とくに大切にしていたのは、夕食の時間です。1日で唯一、家族4人でそろってのんびりできる貴重な時間。その日にあったことを話すのがわが家の決まりで、そこから会話は広がっていきました。

子どもたちの話を聞くだけでなく、私たちも働いていたクリニックであったことを話しました。どんな問題が起きていて、どのように解決したのか。何に困っているのか。何がうれしかったのか。そんな医療現場の話をなんとなく聞いていたことも、次男が医学部に進んだことの要因になっているかもしれません。

家族での会話をもっと大事に

テレビがずっとつけっぱなしになっていると、そちらにばかり気を取られて、会話がおろそかになってしまいます。ゲームも同じです。

子どもが緊張することなく話ができる**「家庭」という場で、思い切り話をさせてあげる。**それがコミュニケーション能力の基礎を形づくるのです。

テレビやゲームの存在がそれを妨げているのであれば、一度どうするか考えてみるのもいいかもしれません。完全に禁止するのが難しい場合は、ルールを設けたりご褒美制にするのもいいでしょう。もしくは1週間と決めて、「テレビなし」「ゲームなし」に取り組んでみるのもいいかもしれません。そしてどのくらい家族の会話が増えるか、確かめてみると良いと思います。

長男

テレビ、ゲーム禁止は嫌じゃなかった？

ゲームは元から与えられていなかったので、やりたいという気持ちにはなりませんでした。例えば友達の家に遊びに行って、ゲームをさせてもらうのですが、普段からやっていないのでめちゃくちゃ下手なのです。それにやり方もわからない。

自分はとても負けず嫌いだったので、「頑張って克服してできるようになるか、放棄するか」を考えました。小学校低学年の頃だったと思います。それで、やらないことに決めたのです。ゲームを楽しんでいる友達を見て、「なんか違うな」と感じたこともありました。外で遊ぶのも好きでしたし、トランプなど家での遊びも楽しかった。だからどうしてもゲームが必要、という風にはならなかったのです。

家にテレビはありましたが、その上には「素敵な布」がかかっていて、その布を取ってテレビを見ることが、なんだかすごくいけないことのように感じていました。その布を取ってまで、見るという気持ちにならなかった。

漫画もなかったので、読んでいたらもう少し漫画を読むスピードが速くなったかも、と思うことはあります。でもそのことに対してすごく悔やんでいるか、というとそんなことはありません。

次男 テレビ、ゲーム禁止は嫌じゃなかった？

子どもの頃、テレビやゲームが禁止だったという話をすると「嫌じゃなかったの？」とよく聞かれます。ただ、小学生のときはあまり何も考えていなかったので「ダメと言われればそんなものかな」と思っていました。

ゲームは友達の家に行って、後ろから見ているのが好きでした。「やる？」と言われるのですが、「やらない。オレは見てる」と言っていました。ゲームを見ているのはやはり面白かった。一応、自分でもチャレンジはしました。隠れてゲームや漫画も買いました。すぐに捨てられましたけど。

とくにテレビもゲームも、あってもなくてもそんなに困らないものでした。結局小学生の頃ダメと言われていたものも、10代後半から20代にかけて一通りやってみました。「えっ、NARUTOも読んだことないの？」と言われたのが嫌で、漫画喫茶に行って全巻読破。結局他の人たちとそこにかけている時間は変わらないのかもしれません。いつしたか、という違いだけですね。

「社内会議」ならぬ「家内会議」を開催

家族での会話を、さらに形式的にしてわが家では会議を行っていました。社会人の方は「社内会議」をよくされると思いますが、私たちは**「家内会議」を開いていた**のです。

子どもたちが小学生の頃は、毎週何曜日の何時からと時間を決めて行いました。議長は持ち回りで担当します。

食事のときの役割分担や皿洗いといった日常的なテーマから、旅行の行き先など重大事項まで幅広く議題にあげられました。旅行で行きたい所・したいことがある人は、意見を会議で発表しないと旅行の予定に反映されません。旅行は子どもにとっては一大イベント。二人とも必死で自分の要望を旅行の内容に取り入れてもらえるよう発言しました。

この会議は、子どもたちに**発言力をつけさせるという意味でも、旅行に対する自分の興味を確認するという意味でもとても役に立ちました。**長男はある時期将棋に夢中になっており「山形の天童市に行きたい」と発言しました。天童市は将棋の駒の産地で、町の至る所、歩道にまで詰め将棋が用意されているなど、将棋好きならば一度は行ってみたい町なのです。それがみんなに承認され、実際にその地を訪れたときには、ただの旅行とはまた別の達成感があったようです。

一番身近な家族という単位で会議の練習をしていたことは、その後さらに大きな会議で発言するための良い練習となりました。**小さな会議で発言できない人が、大きな会議で発言できるはずはありません。**

「恥ずかしい」という気持ちが出てくる10歳より前に、発言する機会をたくさん持つことが大切だと考えています。

家庭で思い切り話をさせる

⇒こんな力がつく!

コミュニケーション力

発言力

3 歳 〜

ゼロから「何か」を生み出させる

想像力・創造力・好奇心は、あらゆるコミュニケーションのベースになるものです。わが家では絵本の続きをつくったり、自家製のゲームを考案したり。「何もない所から楽しむ」をモットーにしてこれらの力を伸ばしていきました。

まずは絵本の読み聞かせ

小さい頃はよく**本の読み聞かせ**をしました。

小児科医の父がよく絵本を北海道に送ってくれましたが、近くに大きな書店がなかったため大変助かっていました。あるとき父に、どのような観点で本を選んでいるのか尋ねたことがあります。すると**「本の背表紙が『僕を読んでみて！』と話しかけてくるんだよ」**と。「小児科医の感性はユニークだな。面白い表現をするものだな」と思いました。そしてたいがい父の選んでくれる本は、子どもたちの心を掴みました。

子どもが気に入った本は、繰り返し読みました。小さな子はどんどん新しい本に手を出す必要はありません。「同じ」がうれしいのです。次の話の展開はわかっているのだけれど、そのわかっていることが本当に「起こる」ということが子どもは楽しいようです。

大人は読んでいて突然「新しい扉」が開くと感動し楽しくなるものです。でも子どもは「わかっていることがわかっている通りに起こる」ことに感動する時期があるのだと思います。

10回でも20回でも同じ本を読みました。子ども自身、1日中同じ本を抱えているなんてこともあったくらいです。

『桃太郎』の続きを考える

3歳くらいからは、子どもたちに絵本の続きを考えさせました。これはほとんど毎晩のようにしていました。

例えば『桃太郎』。「鬼ヶ島から帰って来た桃太郎は、それからどうしたの?」と問いかけます。

あるとき遠くの村まで旅に出かけた桃太郎。向かいから歩いてきた旅人に「あっ! 桃次郎さん! ご無事で何より」と話かけられてびっくり。「いえいえ、私は桃太郎。お人違いではありませんか?」不思議に思いながら家に帰り、おばあさんにこの一件を話すと、「桃太郎よくお聞き。**お前には今までだまっていたけれど、実は桃は3個流れて来たんだよ**」と言うではありませんか。

……という風に話をふくらませます。続きは奇想天外なものほど面白く、今まで考えたこともなかった新事実に更にワクワクドキドキ感が高まります。

新しい絵本よりも、何度も何度も読んでよく知っているお話の方が、登場人物がイキイキと動き出して楽しんでくれます。

オリジナル・ストーリー『山城けんぞう』

更にわが家では「続き」どころではなく、全く新しい「新作」をつくることもよくありました。

一番人気があったのは『山城けんぞう』物語。提案者は主人。**「山城けんぞう」という探偵のハードボイルドなお話**です。ハードボイルドなのにへぼ探偵で失敗ばかりしているという設定でした。

これを読んでくださっている方は「誰？」と頭にはてなマークが浮かんでいると思います。この「山城けんぞう」というキャラクター誕生には、ちょっとしたエピソードがあります。

小成《こなり》という私たちの苗字は、なかなかちゃんと読んでもらえません。外食などで順番待ちをするときに名前を記入すると、必ず「小城《こしろ》さん」とか「小成《おなり》さん」と呼ばれてしまいます。それが面倒なので、そういった場で名前を書くときには「小成」と書かず「山城《やましろ》」と書くことにしているのです。「山城」という苗字はそれほど多くはありませんし、読み間違えられることもありません。呼ばれれば私たちだとわかります。そして主人の名前を少し変えて「けんぞう」に。そう、自分の名前をパロディにしてつくった物語なのです。**これは子どもたちに大好評でした。**

主人が「山城けんぞう」をやってくれるとなると、「お父さんが昨日の続きを話してくれる！」と言って喜んでベッドに入りました。目をつぶって聞いていると、自分の頭の中に映像が広がっていくようです。「こんな登場人物が出てきたら面白いんじゃない？」と**子どもたちからアイデアも出るようになりました。**そして主人が疲れて眠いときなどは「今日はおまえがやれ」と言って、子どもたちが話の続きするようになりました。

これは「よく飽きないな〜」と思うぐらい続きました。確か中学生の頃までしていたと思います。自分たち家族しか知らない特別なキャラクターを持つこともちょっと秘密を共有するようで、親子の絆が強まったと思います。

自在にキャラクターを操る

このように物語の続きを考えたり、架空の物語をつくったりするためにはたくさんの本を読んだ経験がいきてきます。小さな頃から読書を重ねることで**自分の頭の中で物語の登場人物を自由自在に動かす**ことができ、想像力が育まれます。

わが家では、**週に一度は本屋さんに寄って子どもに本を選ばせていました。**テレビやゲームの代わりに本だけは豊富に与えていたのです。

とくに**次男は本の虫**でした。小学校高学年の頃は星新一のショートショート、神林長平の『敵は海賊』シリーズ、青い鳥文庫、大判の理科実験本などなど。いつも制服の上着に数冊、冬はコートのポケットにもたくさん本を入れ、持ち歩いていました。

ハリー・ポッターは何度も読みすぎて壊れてしまい、新しいものを買い直したぐらいです。彼の頭の中には登場人物や魔法学校の様子がはっきりとした映像になっていたので、映画を見たときには「僕が考えた世界の方がもっとすてきだったのに」とがっかりしていたほどです。

中学1年生ではトルストイやドストエフスキーを読み、中学2年生のときには京極夏彦にはまっていました。小説のような物語を書くことも得意で、大人になった今でも暇があると時々エッセイなどを書いているようです。

自家製のゲームをつくる

わが家ではゲームも自家製でした。

「何もないところから、どれだけ楽しめるか」というのが、私たち家族の一つのテーマ。テレビゲームがなくても、ボードゲームのようなものを用意しなくても、遊びはいくつも生み出されました。

子どもたちは夕食後、自分たちでよくゲームをつくって遊んでいました。テレビをつけていなかったので、夕飯の後は自ら考えた遊びを試す時間だったのです。

例えば「ビー玉をぶつけ合う」というような遊びでも、自分たちで**オリジナルルールを決めます。**平らな床の上でやってもつまらないので、しわくちゃにした毛布の上でやってみたり、テーブルの上でやってみたり。「どんなルールにしたら、自分が得になるか」ということを二人とも一生懸命考えます。

他に**ジェスチャーゲームも定番でした。**最初はただ「ソバをすする」など簡単な動きを当てっこします。年齢が上がると、「ホームランを打った後の野球選手」などの動きの真似をして、「何をしているのか」というストーリーを当てさせるゲームに発展させるという具合です。

外遊びでも創造力を発揮

外遊び、中でも一番人気だったキャンプでも人とは違う遊び方をしていました。北海道時代、冬はずっと家に閉じ込められているので、夏はその反動で外に出かけることが多くなりました。主人は大のキャンプ好き。地方の病院に出張に行くときなどはホテルが割り当てられているのに、わざわざ一番近いキャンプ場にテントを張って、そこから出勤してしまうほどです。北海道のキャンプ場にはたいてい温泉もついているので**「キャンプ出勤」**でも、何も困ることはないのです。主人が仕事に行っている間は子ども二人と泥だらけになって走りまわったり、葉っぱで絵を作ったり、観光に出かけたりしていました。

キャンプ場で編み出したいくつもの遊びの中でも流行ったのは魚釣り。まず**適当な長さの木の枝を探して、その先にたこ糸を結んで釣り竿をつくります。**それを川や池に垂らしてエサもないのに魚釣りごっこ。あるとき湖でボートに乗り、魚肉ソーセージをエサに魚釣りごっこをしていたら、何故か魚肉ソーセージがすごい勢いでなくなってしまいました。首をかしげながら新しいソーセージを開けたら、小さかった次男が美味しそうに食べていたのも楽しい思い出です。

また、私はアウトドアクッキングが大好き。キャンプで作る料理もただのバーベキューなどではなく、いろいろと工夫をこらしました。**パエージャを作ったり、ベーコンをいぶしたり。**おせんべいが入っていた大きな缶をオーブン代わりにして子どもたちとスコーンを焼いたときには、匂いにつられて周りから人が集まって来て、偶然隣り合わせになった方々に振る舞い、二人とも鼻高々でした。

粘土は手の届く所に

粘土はずっと長い間、子どもたちの手の届くところに置いていました。

カラー粘土はきれいですし、私も楽しんで一緒に作っていました。よくしていたのが「これなーんだ？」。自分が作ったものが何かを当てさせるクイズです。小さい頃はみかん、りんごといった簡単なものから。大きくなってくるとキリン、ゾウ、ワニ、サイ、カバ、ヘビといった少し難しい動物を作っていました。

また外食などの待ち時間には、**おしぼり**でも動物などの形を作って、それが何かを当てっこして遊びました。粘土ほど自在に作れない難しさがまた面白く、犬なのか、ゾウなのか、はたまたクマなのか？　といったものを作っては大笑いしていました。

スーパー銭湯で楽しもう！

自家製ゲームはなんと、銭湯でもできます。

北海道には300円くらいで入れる町のスーパー銭湯のような大浴場がいろいろな所にあったので、週末によく訪れました。私は現場を見たことはないのですが、男湯では三人で、ボディソープやシャンプーを上手く配合し、**ギネスを目指して巨大なシャボン玉を作って遊んでいた**そうです。三人で身体をくっつけ、少しずつ離れていって最大で直径50センチもあるシャボン玉を作ったのが彼らの自慢です。

タオルを使ったゲームもしていました。主人が水に濡らしたタオルを雑巾のようにぎゅっと絞り、子どもたちに渡します。それを必死に絞り、**一滴でも水が出たら勝ち。**だんだん知恵がついてくるとタオルの端をこっそり水につけてズルすることも覚えます。他愛もない遊びですが、こういう単純なことが子どもにとってはうれしいのです。

他には**「チャンスが続いています」**というのも懐かしいフレーズ。小さい子にとって、大きなお風呂での一番の楽しみは思いっきり水をバチャバチャと跳ね飛ばしながら泳ぐこと。でもこれは他の人には迷惑です。そこで、誰もいなくなると主人が「チャーンス！」と言います。すると二人は大騒ぎ。まだ誰も入って来ないと更に「チャンスが続いています」と言いみんなで大暴れ。でも、誰かが入ってきたら「チャンスが終了しました！」というかけ声がかかり、すぐにちゃんと湯船につかるのです。先日温泉でバチャバチャしている小さな子を見て次男が一言**「あー、チャンスをわかってないなあ。親がちゃんと教えないといとね」**。遊ぶときは思いっきり。でも、ルールは守る。主人の緩急ある子育て法に感謝です。

子どもは遊びの天才です。**何も道具がなくても大丈夫。ただ走り回るだけで楽しいんです。**親が少しヒントやルールを提供するとどんどん自分たちで工夫していくようになります。一緒に知恵を絞って考え出した遊びは彼らにとって特別。そしてその体当たりの経験がクリエイティビティを育むと共に良い親子関係を構築してくれます。

ゼロから「何か」を生み出させる

⇒こんな力がつく!

想像力

創造力

好奇心

3歳～

「習い事」は幅広く用意する

教養の幅を広げる意味でも「習い事」は重要です。でもわざわざ教室に通う必要はありません。私が北海道時代そうしていたように、自分で教室を開いてしまえばいいからです。ただ、一つオススメしたいのは「合唱団」です。

自宅を「習い事教室」にしてしまう

教養を身につけさせるのは、習い事が一番です。でもこの習い事、別にわざわざ教室に通わなくても大丈夫。**自分の家を教室にしてしまえばいい**のです。

北海道時代は週に3回くらいの割合で幼稚園のお友達を自宅に呼び、いろいろな「教室」を開催していました。

・**「英語教室」**
・**「クッキング教室」**
・**「ソーセージ作り教室」**
・**「お絵かき教室」**
・**「工作教室」**

など、誰もが楽しめるよう工夫してテーマを考えました。

「英語教室」の日は英語の絵本を読んだり、英語の遊び歌を歌いながら踊りを振り付けます。「クッキング教室」の日はクッキーを作ったり、パンを焼いたり。作ったものをお土産に持たせるとママたちも喜んでくれます。

子どもたちは「今日は何ができるんだろう」とワクワクしてわが家に遊びに来るのを楽しみにしていたようです。

わが家のおけいこ遍歴

ただ、習い事教室に全く行っていなかったわけではありません。

北海道時代は二人ともスイミングに通っていました。赤ちゃんのときは親子で、幼稚園になると一人です。**水を怖がらなくなり、身体も鍛えられました。**

東京に来てからはスイミングの他にも、その時々の二人の興味関心に応じて様々な習い事に挑戦しました。

ピアノを始めたのは、何か一つでも楽器ができると将来海外のおうちに招かれたときに、**一緒に演奏をして心が通わせられるといいなと思ったから**です。でも、残念ながら二人とも練習が嫌で長続きしませんでした。その後長男はヴァイオリン、次男はチェロを弾いていました。
その他にもお絵かき、英会話、そろばん、テニス、将棋、ゴルフなどに通いました。
それぞれ長続きするものが異なるのも面白い経験でした。

合唱団は最強の習い事!?

わが家の子どもたちがいろいろしてきた習い事の中で、親子共々一番よかったと思うのは**「合唱団」**です。長男が小学3年生、次男が小学1年生から東京FM少年合唱団に所属しました。

長男はここでもその歌唱力が認められ、プラシド・ドミンゴが芸術監督を務めるニューヨークメトロポリタン・オペラやミラノのスカラ座など、たくさんのオペラハウスの公演に出演させていただきました。

とくにうれしかったのは、**ウィーン少年合唱団**の舞台に出演したことでした。先方の先生に選ばれてウィーンの子たちをバックに従えて独唱をしたときには、飛び上がるほど驚き、心臓がはりさけそうなほどドキドキしたものです。

合唱団に入ってよかったことは四つあります。

一つ目は合唱団での活動は総じて国際的なものでしたから、子どもたちが**自然と外国人と接することに慣れていった**ことです。まだあまり「恥ずかしい」という気持ちが湧かないこの時期に、ドイツ人、イタリア人、ロシア人など、様々な国籍の指揮者や出演者の方に挨拶をしたり、話しかけたりして可愛がっていただけたことは素晴らしい経験です。子どもでも、国が違っても、**音楽は人と人とを結びつける大きな力になる**のです。

二つ目はドイツ語、イタリア語、ロシア語などの歌を原語で歌うため、**英語以外の外国語も身近に感じることができた**ことです。

三つ目は**礼儀正しいマナーが身についたこと**。コンサートでは、自分たちが歌うパート以外のときはじっと動かずに立ちっぱなしでいることもあります。また大勢の大人の方々と同じ舞台に立つことで、人前でのきちんとした振る舞いを学びました。

四つ目は大きな舞台でスポットライトを浴びることに慣れ、度胸がついたことです。**人前でも緊張せずに堂々としていられる**のは、合唱団での訓練の賜物です。

ちなみに少年時代「将来オペラ歌手になる！」と言っていた長男は、今でも趣味で歌を続けています。仕事と関係のない友人がここでたくさんでき、歌がまた彼の世界を広げてくれています。

「習い事」は幅広く用意する

⇒こんな力がつく！

教養力

コミュニケーション力

6歳～

「グローバル」の前にまず日本を知る

日本人としてのしっかりとした基礎があって初めて、世界に羽ばたいていけると考えています。子どもたちにはまず日本を知ってほしいと思い、家族旅行で全国の史跡や国宝めぐりをしました。そしてきれいな日本語も大事にしていました。

いかに自分が日本人として未熟か

「グローバルに活躍できる子どもを育てる」と聞くと、とかく外国語ができればいいと思いがちです。でも海外に目を向ける前に、まず必要なのは、「日本を知る」ということです。

私がこのように考えているのは手痛い経験があるからです。

大学時代スペイン語学科で学んでいた私は、20歳の頃1年間スペインに留学しました。留学するときには、スペイン語を覚えることで精一杯。でも実際に行ってみて痛感したのは**「いかに自分が日本人として未熟であるか」**ということでした。

神社とお寺の違い、主要な県の人口、どんな産業が盛んなのか、歴史や伝統的な文化。14年間の学校教育の中でそれなりに真面目に勉強してきたはずなのに、説明できないことがたくさんあったのです。当時は「グーグル先生」もいませんから、**スペイン語の百科事典で日本のことを調べる**、というような情けない状態でした。

日本に帰ったらもっと日本のことを勉強しよう、自分に子どもができたらきちんと日本のことを教えよう。そう心に誓ったことを今でも覚えています。

本当の国際人とは単に語学が堪能な人ではなく、自国のことを深く知り、それを外国語を利用して発信できる人です。

そのためには、親が意識して日本の歴史や文化を伝えていかなければなりません。日本人としてのしっかりした基礎があって初めて、グローバルコミュニケーション力もついてくる。私はそのように考えています。

家族旅行は44都道府県制覇

まず、日本の歴史を知る。そこで**家族旅行は全都道府県を訪れる**ことを目指して、日本の史跡めぐりをしました。結局コンプリートまであと3県残したところで止まってしまいましたが、これが非常に楽しく、子どもたちにとっても勉強になったようです。

そもそも「全ての都道府県に行ってみよう」という企画は電車好きの長男の「寝台列車の『サンライズ瀬戸』に乗ってみたい！」という希望がスタートでした。小学2年生のときのことです。東京から四国方面へ向かう寝台列車に乗り、四国では電車で4県を回ることにしました。

四国には旧国名が残る駅がたくさんあります。例えば愛媛県には伊予○○駅、高知県には土佐○○駅、香川県には讃岐○○駅、徳島県には阿波○○駅といった具合です。同じ名前が何度も出てくることを不思議に思った長男に理由を聞かれ、歴史の勉強に発展したこともありました。

山形を訪れると決めたときも、事前調査で、有名な出羽三山に国宝の五重塔があるということがわかりました。「せっかく行くのだから、国宝も見てみたいね」という話になり、電車や史跡だけでなく国宝や重要文化財めぐりも、旅行の目的に追加されることになりました。

そのため、旅行前には電車のルートだけでなく、どんな国宝がどこにあるかを調べ、その**歴史的背景も予備知識として学んでおくようになりました。**

このような旅行をしていると、県の場所、県庁所在地なども自然と頭に入るものです。実際に見ることでずっと**深く子どもの頭と心に残り、知識として蓄積されていきます。**

「生きた」地理の学習にも

全国都道府県行脚は**「生きた」地理学習の場**でもありました。

四国では天然記念物である「大歩危小歩危《おおぼけこぼけ》」を訪ねました。ここは吉野川の激流に削られた断崖のある渓谷です。舟で川を下るとかつて地層が隆起した様子がはっきりとわかり、長い長い地球の歴史にも思いを馳せてくれたのではないかと思います。

九州に行ったときも、宮崎県の青島海岸で「鬼の洗濯板」と呼ばれる波状岩を見学。鹿児島県の大隅半島では、火山灰でつくられたシラス台地でさつまいもの栽培が盛んなことなどがわかり、大自然を感じる旅となりました。

同じ鹿児島県の吹上浜には海ガメの産卵の様子を見に行きました。思いがけず波打ち際に天然の軽石がゴロゴロ転がっていたので、それを拾ってお土産にしたことも印象に残る思い出。

熊本県では日本三大急流の一つである球磨川《くまがわ》に行き、川下りを楽しみました。かつて山形でもやはり日本三大急流の一つである最上川を訪れ**「せっかくなので他の二つの急流にも行こう！」**という話になったからです。

家の壁には日本地図を貼っていましたから、次はどこにしようかと、その地図を見ながらよく話をしたものです。

家内新聞の作成でアウトプット

旅行から帰るとみんなで「家内新聞」を作りました。家内新聞とは旅行で印象に残ったことを家族一人一人が手書きで記事にし、写真を添えて新聞のような体裁にまとめたものです。これを両方の祖父母に送っていました。

実地で学んだことを頭の中で整理し、発表する。まさに**インプット→アウトプット**の手順を踏ませていたのです。そして旅行の準備として予備知識を学ぶのが予習なら、**家内新聞は復習**にあたります。

旅に一緒に行っていない人が読んでもわかるように説明することは、小学生のうちはなかなか難しいことだったかもしれません。しかし「家内新聞を作る」というイベントとして行ったことで、楽しんで説明文を書くというスキルを身につけることができました。

きれいな日本語を使う

私はきれいな日本語を話すよう心がけていました。

大人になって、どんな方と接するときでも臆することなくきちんとした言葉で自然に会話できるようにするためです。

「子は親を映す鏡」とよく言われますが、親がきれいな言葉を使っていれば、子どもも自然に真似をするものです。

小学生の頃、お友達の家に電話をかけ「○○小学校2年1組で山田君と**ご一緒させていただいております**、小成○○です。○○くんはいらっしゃいますか?」と話しているのを耳にしたときには驚きました。これも普段から私の電話の応対をよく聞いていて、自然に敬語表現が身についていたのだと思います。

自国の言葉を大切にして初めて、相手の国の言葉も大切にできます。少し言葉が丁寧すぎると主人には反対されたりもしましたが、この点は曲げることなく貫き通しました。

ちなみにわが家のリビングには、常に国語辞典が置いてありました。大きくて厚い国語辞典。これはとても役に立ち、言葉の意味がわからないときや曖昧なときに調べるだけではなく、百科事典を引くまでもないことをさっと調べることもできます。

国語辞典を引くことは、**語彙を増やす**という面においても、辞書を引く習慣をつけるという面においても役に立ちました。

次男

母と父の言葉遣いは全然違う

わが家では、母と父は全く違った言葉遣いをしていました。物心ついたときからそうだったので、違和感はありませんでした。

母は言葉遣いには非常に厳しく、丁寧に話さなければならないということを常に意識させられました。

反面、父の話し方はざっくばらんでしたから、男友達と話すときには、自然に父のような言葉遣いになっていました。何か頼むときにも母は「〇〇君、～してくれない？」というような言い方でしたが、父は「オイ○○！　あれやれよ」といった感じです。

母が話し方にこだわりを持っていたように、父にもこだわりがあったということは、後から知りました。丁寧すぎる言葉遣いしか知らない子どもだと、後々イジメられる可能性もあるかもしれないと不安だったらしいのです。

言葉遣いに関しては極端な二人ですが、持論を曲げないという意味では一貫しています。

おかげさまで言葉遣いに関して苦労をしたことはありません。丁寧に話すことが自然にできるからか、目上の人と話すときに緊張するということもありません。良好なコミュニケーションを取る上で、言葉遣いは大切。この年になってやっと母が意図していたことがわかった気がします。

「グローバル」の前に日本をまず知る

⇒こんな力がつく!

コミュニケーション力

日本語力

これまで子育て中に私がどのようなことをしてきたかを、具体的にお伝えしてきました。それがどのようなグローバルな力につながるか。改めてポイントをまとめましょう。

発信型の「コミュニケーション力」

幼い頃から初めて会った人に対して**「自分はどういう人間か」を発信すること**を、意識してさせてきました。年齢、立場、国籍は違っても、いつでも同じようにコミュニケーションが取れるようになれば、それは将来にわたって子どもを助けてくれる力になると考えたからです。

常々日本人は情報発信が不得手で損をしているな、と感じていました。だからこそ子どもたちには、アイコンタクトと挨拶、自己紹介、感謝と謝罪の仕方といった基本をきちんと教え、どんな過酷な環境にあっても人間関係を築いていけるように、という思いがありました。

人に伝えるための「説明力」

また、私がこだわったのは**人に「説明する」能力**です。感謝や謝罪を表すときにも説明を求めましたし、夕飯の席ではその日にあったことを説明させていました。病院でも小さい頃から、自分の病状を自分で説明するようにさせました。家内会議も、家内新聞も、説明する力をつけたいと思ってのことでした。もちろん、私が子どもを褒めるときにも「何がよかったのか」をきちんと説明をしました。

また説明をするためには、自分がその内容をしっかり理解していなければなりません。説明をしているうちに、理解が足りていないということに、子ども自身が気がつくことも多々ありました。そのことが、自ら学ぶ力を育てることにもつながったのだと考えています。

「説明できるレベルで理解する」というのは、ただの暗記よりもずっと骨が折れます。しかしそのレベルが当たり前になってしまえば、「そこまで理解しないと何だがスッキリしない」となるのです。これは子どもたちの「もっと知りたい」「もっと学びたい」という自ら学ぶ力を支えてくれました。

また、説明するということが習慣になったことで子どもたちのコミュニケーション力は大きく飛躍しました。

きちんと説明することができれば、自分の意見をしっかりと相手に伝えることができるだけでなく、コミュニケーションにおける誤解を最小限にとどめることもできます。「説明する」能力は社会に出てからも、大いに子どもたちを助けてくれるものです。

「可愛がられる力」にもつながる

どんな方とも丁寧な言葉でしっかりとしたコミュニケーションが取れるおかげで、二人ともずいぶん周りの大人の方に可愛がってもらいました。

「嫌味なく可愛がられる」という能力はまだ意識している方が少ないように思います。おべっかを使ったりゴマをすったりしていないのに、周りからの助けを受けられることは、より良い人生を生きていく上で大きな利点です。

日本人に大切な自己肯定感

自己肯定感とは自分はかえけがえのない存在だと認識することです。自己肯定感があれば、失敗を恐れずチャレンジすることができますから、おのずと未来は開かれていきます。また失敗をしたとしても、苦境を乗り越えていく原動力になります。

例えば次男のこれまでの人生は波瀾万丈。中学受験の失敗、イジメ、意に添わない転校、愛に飢えた留学経験、浪人生活など、思うようにいかないことの連続でした。

しかし、一貫して自己肯定感を保つことができたために、くじけることはありませんでした。また、自分への信頼も失うことはありませんでした。

結果として国立大の医学部に合格し、興味ある研究に没頭する毎日を送っています。

column

丁寧な言葉のスタートは「お母さま」

日本の子どもたちは自分の母親のことを「ママ」または「お母さん」と呼ぶことが多いと思います。一方わが家の子どもたちは私のことを「お母さま」と呼びます。

子どもを授かったときに、お腹の中の赤ちゃんに話しかけるため、呼び名を決めようと主人と相談しました。私は自分の母を「お母さま」と呼んでおり、その響きがとても気に入っていました。「お母さま」という言葉を使うと、それに続く言葉も自然に丁寧になります。

そこで自分の家庭でも「『お父さま』、『お母さま』にしない？」と提案しました。主人は驚いて、「それならいっそのこと『父上殿』、『母上殿』にしては？」と言いましたが、最終的には私の意見が通りました。

「お母さま」という名称を使っていたのは、周りではわが家だけでしたので、息子のお友達もみな私のことを「お母さま」と呼んでいました。北海道は雪が深く丈夫で大きい車に乗っていたこともあり、それはいつしか「お母さまのバス」と呼ばれるようになりました。子どもたちは、そういう固有名詞の人なんだと思っていたようです。

思春期の頃は「お母さま」と呼んでいることに気恥ずかしさを感じたこともあったようで、お友達が来ると「お母さん」と呼ばれたこともありました。でも今ではもう抵抗がなくなったようです。

Chapter

2

世界に通用する英語力の育て方

0歳〜

赤ちゃんの頃から耳を鍛える

英語のリスニング能力を高める。その前にわが家では0歳から「耳」そのものを育ててきました。クラシック音楽を聴かせたことで母音の微妙な聞き分けができるようになりました。

クラシックで耳を育てる

日本人が英語に苦手意識を持つ大きな要因は**「母音の微妙な聞き分けができないから」**というのが持論です。

日本語はあいうえおの五つの母音しかないのに比べ、英語は「æ」と「ɑ」など20以上の母音があります。その微妙なニュアンスを聞き取れるように何が有効だろうと考え、**まずはベースとなる耳を鍛えることにしました。**

一つの手段としてクラシック音楽に触れさせていました。子どもたちも「今の英語力があるのは小さい頃からクラシックを聴いていたことが大きい」と言います。子どもがまだお腹の中にいる頃から聴かせ始め、生まれてからもずっと家の中でかけていました。

「絶対これ！」という作曲家や演奏家があったわけではありません。誰もが知っているような曲が入っている**入門者向けのCD**を好んでかけていました。ベートーヴェンもブラームスもモーツァルトも出てくる。気楽な感じです。耳に優しい、ゆったりとした音楽を選んでいました。

クラシックを選んだのにはもう一つ理由があります。クラシック音楽に馴れていると、西洋文化にも造詣が深くなり、教養の幅も広がると考えたからです。

また子育てに必死な**「母親1年生」だった自分をリラックスさせる**効果もありました。長男が生まれた頃は、誰も知り合いのいない町にいて結構孤独。子どもが泣くと自分も泣きたくなる、そんな毎日でした。長男は全然寝ない子で、おっぱいを飲んだ後1時間たってもゲップができず、よくいつまでも泣いていました。自分自身が疲れて抱っこしていることが辛くなり、寝かせた途端にワーッと母乳を吐いてしまい、お腹が空いてまた泣く。その繰り返し。「お願いだから寝させてほしい」と、私の方が参ってしまうことも多々ありました。そんなときクラシックは私を癒し、**穏やかな気持ちにしてくれました。**

オリジナルの子守唄も

子守唄を聴かせることは一般的ですが、私は更にオリジナリティを追求し、自作の歌を作っていました。

赤ちゃんの頃から耳を鍛える

⇒こんな力がつく！

リスニング力
語学センス

息子をお風呂に入れると、なぜか必ずいつもあくびをしていました。温かいお湯の中でリラックスしている様子が可愛いくて「あくびがほぅ」という歌を作りました。また、何をやっても泣きやまないときに、泣き止んでほしくて困り果てて作ったのは「残念の歌」。他にも「温度計の歌」など数曲作りましたが、**私の子守唄を聴くとなぜか泣き止むことが多かった**のは今でも不思議です。

1歳〜

英語のシャワーを浴びせていく

クラシック音楽からの＋アルファで、英語の歌やビデオなどでどんどん英語のシャワーを浴びせていました。絵本もオススメです。わが家では『ミッケ！』をよく読んでいました。

歌やビデオで英語のリズムを

英語耳を育てるために、もちろん英語も聞かせていました。

雪が積もっていると、当時住んでいた町から札幌まで出るには、3時間ほどかかります。その車中ではいつも**英語のCDやカセットを流していました。**また私自身も英語の歌をよく歌っていました。「アメリカ50州覚え歌」からハンプティ・ダンプティの童謡、クリスマスソング、ララバイなど。

さらに、**英語のビデオもよく見せました。**子どもたち二人のお気に入りは「ニンジャタートルズ」「きかんしゃトーマス」そして「マドレーヌ」。小さいうちは、**言語が日本語でも英語でも、意識することなく楽しめます。**

文法を教えよう、などという気持ちは全くありませんでした。ただ言葉がわからなくても楽しめる時期にたくさん英語の素材にふれさせてあげると、自然な英語のリズムが身につき、その後の発音やリスニングにプラスになると思ったからです。

絵本で楽しく学習

Chapter1でも紹介した、毎日の絵本の読み聞かせに、**英語の絵本もプラス**していきました。絵本であれば、文章の意味がわからなくてもなんとなく内容は伝わるものです。

次男が小さいときとくに好きだったのは『はらぺこあおむし』でした。

またもう一つ、わが家で人気だったのは『I SPY』シリーズ。日本では糸井重里さんが『ミッケ！』というタイトルに訳している絵本です。数年経ってこの日本語訳が出版されたときに、うまい訳だなと関心しました。この絵本は写真の中から、指示されたものを探し出すゲーム感覚で楽しめるものです。

次男

大好きだった英語の絵本

英語に対して「勉強するもの」という感じは、昔からありませんでした。もともと本が好きだったので、英語の絵本や物語も好きでした。

小さい頃通っていた英語教室では「絵本の時間」というのがあり、先生が英語でまずその絵本を読んだ後、日本語でも読んでくれるのです。その絵本の時間をいつも楽しみにしていました。

同じ頃通っていた絵画教室には、自分で英語のオーディオブックを持参して「毎回同じのを流してください」と先生にたのんで、絵を描いている間かけてもらっていました。英語の物語が好きだったのかもしれません。童話など、簡単で面白いものを繰り返し聞くのが楽しかったのだと思います。

英語の『はらぺこあおむし（The Very Hungry Caterpillar）』や『スイミー（Swimmy）』は何度も読みました。『ミッケ！（I SPY）』も楽しかった。トーマスの英語の絵本もぼろぼろになるまで読みました。ハリー・ポッターシリーズも翻訳が出る前に原書で読みました。それは、続きが早く知りたかったからです。小学生だったので、さすがに少し難しかったですけど。

ちなみに入試などでも英語では苦労しませんでした。医学部受験2年目のセンター試験は198点。一つ文法問題でミスをしてしまったのが残念です。

大学でも、原書で生理学の教科書などを読んでいます。英語を読むことに対する抵抗がないのは、ありがたいことだと思っています。

英語のシャワーを浴びせていく

⇒こんな力がつく!

リスニング力

ボキャブラリー

オススメの絵本

The Very Hungry Caterpillar　邦題：『はらぺこあおむし』
アメリカの絵本作家エリック・カール作、1969年に出版。鮮やかな色使い、丸く穴が開いていて好奇心をくすぐる構成、シンプルでわかりやすいストーリーから、全世界で累計3,000万部を販売するベストセラーとなった。いわゆる仕掛け絵本。日本では偕成社から発売。同社から日英併記の、「英語でも読める」版も発売されている。 （あらすじ） 食いしん坊のあおむしが、月曜日にはりんごを一つ、火曜日には梨を二つと、いろいろな食べ物を食べ成長。土曜日には食べ過ぎでお腹を壊してしまうが、やがてさなぎになり、最後には美しい蝶へと変身する。
I SPY　邦題：『ミッケ！』
文章はジーン・マルゾーロが担当し、写真はウォルター・ウィック、1992年にアメリカで出版。日本語版は糸井重里氏が翻訳した。小学館から上級者向け、小型版などとあわせ様々なシリーズが刊行されている。『ウォーリーをさがせ!』のような視覚探索本。 （構成） 本文の指示にそって、絵を探させる。例：「まず ふんすいは すぐ みつかるね。うまが 5とう。きつね。がちょう。しまりす。ひつじ。いぬ。おおきな つのの へらじか。ミッケ？」
Swimmy　邦題：『スイミー』
アメリカの絵本作家レオ・レオニ作、1963年に出版。日本では教科書にも採択され、光村図書出版が発行する小学校2年生用の国語教科書に1977年から収録されている。好学社から日英併記の『英語でもよめるスイミー』も発売されている。 （あらすじ） 小さな黒い魚スイミーは、広い海で仲間と暮らしていた。ある日、仲間たちが大きな魚にみな食べられてしまう。一匹だけ残ったスイミーは一計を案じて、その大きな魚を追い出そうとする……。

12歳〜

「シャドーイング」をトコトンやる

長男の英語学習法はシンプルでした。教科書をリピートする↓シャドーイングする↓確認する。その繰り返しです。地味な作業ですが、トコトンやることで発音もネイティブ並に近づき、また読んでいる内容を知らず知らずのうちに暗記できました。

最強の勉強法「シャドーイング」

子どもたちの英語力を伸ばしたものを何か一つあげるとしたら、それは「シャドーイング」。シャドーイングとは、**英語の音声と同時に発音を練習する学習方法**です。

長男が入学した中学では、入学時に英語の教科書に準拠した「CDリピーター」を全員が購入することになっていました。これは教科書の本文を聞くことができるだけでなく、自分の発音を録音してすぐに再生することができるすぐれもの。このリピーターを使って、長男は毎日1時間ほど発音の練習をしていました。

まずはネイティブの発音を聞いて後に続いて真似をします。これは「リピーティング」といいます。次にネイティブと同時に発音します。これが「シャドーイング」です。同じような発音になったと思ったら、次は自分の発音を録音してみます。そしてそれを再生してネイティブとの違いを追求します。「う〜ん違う」などと言いながら、何度も何度も繰り返し練習していました。

CDリピーターは、長男の英語学習に欠かせないものとなりました。

いつのまにか英文を暗記

発音にこだわり、何度も同じ文章を繰り返したおかげで、いつの間にか**教科書に載っている英文はほぼ暗記**していました。頑張って丸暗記していたのではなく、発音をチェックしていたら自然に覚えてしまった、という感じでした。

このような地道な努力は、もちろん英語の成績に反映されました。学校では毎日英語の小テストがあったのですが、英文を暗記しているため難なくこなすことができたようです。

英語は頑張れば頑張るだけ、成績にきちんと表れたことも本人のさらなるやる気につながりました。

長男

350日のシャドーイング

英語の勉強といえば「シャドーイング」をずっとしていました。

中学1、2年生のときは、1年のうち350日はシャドーイングをしていました。1時間は絶対。気分が乗っているときは気づいたら2時間経っていたということもありました。

まずは、いくつかに区切ってあるセンテンスを聞いて、文字を追いながらリピートします。次に音声と同時にシャドーイングをします。それから自分の発音を録音して、ネイティブの発音とどう違うのかをチェックする。これが一連の流れです。最終的には、ネイティブの発音と自分の発音の差がゼロになるまで繰り返します。

中学1年の英語ですので基礎の基礎です。スタートは、〝Good morning! How are you?〟のような文章です。まずは音から会話文を覚えて、その後に意味と文法を確認しました。

小さい頃は「英語ギライ」でした。英語教室に通っていたのですが、実はそれがすごくイヤでした。ベッドの下に隠れて抵抗したこともあります。ただ後々、その英語教室で「こんな風に言うんだよ」と習ったフレーズが中学の授業で出てきて「この文法を使っていたのか」と、論理的に理解できるようになり、細切れだった知識がつながっていく感覚がありました。

英語の土台となったものは、たぶん「耳」だと思います。これはすごく大きい。耳の良さというのがどういう風に培われたのか、自分自身ではわからないのですが、すごく微妙な違いというのも聞き分けられるようになりました。それは小学校のときに合唱をしていたからかもしれないし、もっと前に、もしかすると母が努力をしてくれていたのかもしれません。もちろんはっきりとは覚えてはいません。

音程にせよ、英語にせよ「この音は少し外れている」ということに気づくことができるのは耳のおかげです。

「シャドーイング」を
トコトンやる

⇒こんな力がつく!

スピーキング力

リスニング力

ボキャブラリー

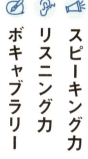

12歳〜

「尊敬できる」教科書に出会う

私には「将来子どもが生まれたらこれで勉強してほしい」という英語の教科書がありました。その名は『プログレス・イン・イングリッシュ』。そしてその教科書を採用している学校に子どもを入学させることができました。

最高の教科書『プログレス・イン・イングリッシュ』

私が**子どもに「これで英語を学んでほしい」とずっと思っていた教科書**があります。それが『プログレス・イン・イングリッシュ』です。現在も通信販売などで購入することができます。長男の中学校でも、転校する前の次男の中学校でもこの教科書が使われていました。先にお話ししたCDリピーター（現在はSDリピーター）は、この教科書の内容を復習するためのものです。

私自身が中学生の頃、この教科書を初めて手に取ったとき、衝撃を受けました。**耳から英語を覚えさせる構造、そして教科書の内容自体が一つの物語になっている所。**読んでいて面白く、何度読んでも飽きることがありません。

あまりに素晴らしい内容だったので、「こんなに素晴らしい教科書を作ったのは誰かしら？」と裏表紙を見て著者を探すと、そこにはある学校名が書いてありました。母からその学校が優秀な生徒が集まる男子校であると聞き、私は13歳にして「将来男の子が生まれたらこの学校に入れよう」と心に決めたのです。実際に夢が叶って長男が合格したときはとても感慨深いものがありました。

もし中学受験を考えている方は、その学校がどんな英語の教科書を使っているか調べてみるのもいいと思います。教科書を見ればどのような学習になるのか、おおよその見当はつくはずだからです。

長男

「生き残る」武器としての英語

なぜ、これほど熱心に英語を勉強し始めたのか。それは単純に言うと「危機感」からです。中学に入学して、周りは「こいつらには絶対に勝てない！」という非常に頭のいい人間であふれていました。「今から数学を頑張っても、とてもかなわない」そう感じました。

英語はみんな中学から一斉にスタートです。英語なら頑張れば武器になるのではないか。自分自身が定めたレベルに到達できるのではないか。そう考えて英語の勉強に力を入れることにしたのです。自分の比較優位性がなくなったこの瞬間に、成長の機会が訪れました。中学入試をしたのは、自分にとってはすごくプラスなことでした。

「尊敬できる」
教科書に出会う
⇒こんな力がつく！

リーディング力
英語脳

15歳〜

プレゼン、ディベート技術を磨く

シャドーイングで基礎を固めた長男の英語力は数々の大会でさらに磨かれました。中学3年生では英語弁論大会、高校2年生からは高校生英語ディベート大会、模擬国連などに参加し、活躍しました。

シャドーイングの成果を発揮した「弁論大会」

長男は中学に入学してから毎日コツコツと発音の練習を重ねてきたことが評価され、2年生のとき、英語の先生に「3年生になったら英語弁論大会があるから、挑戦してみてはどうか」と声をかけていただきました。無事校内予選を突破。神奈川県大会へと進みました。

「高円宮杯全日本中学校英語弁論大会」でのテーマは**「JR駅の発車メロディー」**。あまりに「オタク」な内容で、親としては当時ニュースにもなっていた陪審員制度など、もう少しアカデミックな方がいいのではと思っていたのですが、「そんなのつまらないですよ。発車メロディーは中学生らしいしユニークで面白いと思います」という先生の一言で決定しました。

弁論大会で重視されるのは、**「Contents（内容）」「Pronunciation（発音）」「Delivery（話し方）」**の三つです。結果的に「Contents（内容）」という面では、テーマのオリジナリティでアドバンテージを得ることができました。「Pronunciation（発音）」という面でも、地道なシャドーイングや音読の成果が発揮されました。さらに「Delivery（話し方）」という面では、合唱団で大勢の観客を前に歌を披露してきた経験がいき、自信を持ったスピーチができました。

この大会では**神奈川県大会で優勝、全国大会では3位の成績を収め**、ご褒美として2週間のイギリス研修旅行へも参加することができました。また全国3位という実績は、イェールへの出願の際にもアピールポイントとすることができました。

交渉力が試される「模擬国連世界大会」

長男は高校2年生のときに「模擬国連」に参加しました。

「模擬国連」とは、二人一組になり、ある国の代表として国連の会議を模倣して英語でロールプレイングを行うものです。事前に担当国の政策や歴史、外交関係などを勉強し、与えられる議題について実際の国連会議のように議論していきます。メインの全体会議の他に、小さな非公式会議を開催。一人が先進国対応、もう一人が発展途上国対応を行います。自分たちの希望する決議が採択されるよう各国の利害を調整し、他の国と同盟を組んだり、協力関係を構築したりします。審査員は会議での発言や意見調整の様子から各国大使のリーダーシップの有無や交渉能力の程度を評価していきます。

その年の日本大会のテーマは「少年兵について」。彼らは中国大使となり、5校の日本代表に選出されました。そしてニューヨークの国連本部で行われる世界大会では日本代表は全員中央アフリカの大使になり、WHOやIMFなどの会議にそれぞれ参加しました。

長男チームの与えられたテーマは「エイズ撲滅」。高い交渉能力が評価され、**日本人で初めて優秀賞に輝くという快挙を達成しました。** この結果もまた、イェール大学の合格にプラスになったと思います。

このような**国際的な舞台で重要なことは、コミュニケーション能力、説明力、リーダーシップ、そして知識や教養**なのです。英語はすでにツールでしかありません。この視点は子供に英語を学ばせる上で、忘れてはならないものです。英語をいくら詰め込んでも、テストで良い成績を修めても、英語を使って何をするのかという目的意識が欠けていては意味がありません。

長男 アメリカ人と英語で喧嘩も！

模擬国連の世界大会は、2日間に渡って行われました。1日目を終えて、どうも手応えがなく、「このままでは勝てない」と思いました。そこで審査員の所に出向いて「ここでは何が求められていて、何が採点基準となるのですか？」と質問をしたのです。するとその方が丁寧に教えてくれて。そこでその日のうちに翌日の作戦を立て直して、「明日これで行こうぜ！」と本番に望みました。

当日は、決議案をめぐって話を詰めたマラウイ国の大使であるアメリカ人に、約束を破られて喧嘩もしました。「おまえ裏切ったな！」って。日本人で初めて優秀賞をもらったのですが、評価されたのはどこだったのかはわかりません。審査員に質問に行く熱心さか、はたまた喧嘩ができるところか？

「なんか面白いな、やってみよう」と思って始めた模擬国連。僕の高校からは過去に出場経験がなくノウハウもありませんでした。手探り状態で仲間や情報を見つけて、顧問になってもらえる先生を探してと、スタート時点から課題は山積みでした。最終的な舞台で賞をもらえたことは、感慨深いものがあります。

発言力と知識が試される「英語ディベート大会」

「高校生英語ディベート大会」は事前に与えられたテーマに関して、肯定派と否定派に分かれて議論し、互いの論点を確認し合いながら、**どちらが「強い」議論を展開できたか**を競う競技です。

長男の高校は過去に出場経験がなく、「ディベートとは何か」を探る所からのスタートでした。過去のディベート大会の議題がインターネット上でデータベースになっていることがわかり、それを過去問のように使って練習を行いました。

重要なことは「物事を捉える大きな軸」を見極めることです。「それは結局『大きな政府か小さな政府か』の問題になる」とわかればそのバックボーンになる知識を学び、肯定側の論点と否定側の論点を整理します。当日まで肯定側になるか否定側になるかはわからないので、しっかりとした分析が肝要なのです。日本大会では議題は一つで、事前に発表されるため、しっかり準備することができます。本番では順調に勝ち進み優勝を果たすことができました。

アテネで行われた世界大会では、**8試合中、事前に示された議題は四つだけ。**残りの四つは試合の1時間前に知らされるという厳しいものでした。携帯・辞書などは事前に預けて一つの部屋に入ります。準備時間に使えるのは、鉛筆だけ。辞書も使ってはいけないので、日本人チームにとってはなかなか大変な試合となりました。8試合中、唯一いい判定が出たのが「対アメリカチーム」。**母語が英語の国を相手に善戦できた**ことは、長男にとって非常に大きな自信になりました。

長男

イェールに合格した理由は？

ディベート大会への参加も、手探りの状態でした。高校1年生で1年間テキサスへ留学していたため、僕自身は学年が一つ下がっているのです。そのため「新しいクラスで誰も知らない」という状況で、まず仲間を集めることから始めました。大会へ参加するためには、自分以外に三人集めなければならなかったので、新たに同学年となった中から、英語ができそうな仲間をなんとか探し当てました。英語の先生には「英語のディベート大会に出たいので、協力してください！」とお願いをする所からのスタートでした。この大会に参加するほとんどの学校には、「英語ディベート部」のようなものがあって、顧問がいて、ノウハウがあります。そんなチームと闘うので、本当に大変でした。

今考えるとイェールに受かったのは、こういった積極性も評価されたのだと思います。アクティビティをゼロからつくり始めて他の人を巻き込んで仕上げていく、という部分です。このような物事への取り組み方は、その後の学業や仕事にもいかされています。

プレゼン、ディベート技術を磨く

⇒こんな力がつく!

論理的思考力

コミュニケーション力

15 歳～

高校海外留学のすすめ

留学は、私の希望もありましたが、最終的には子どもたちが「行きたい」と自発的に手をあげました。英語力を伸ばすだけでなく、人間関係の幅がグンと広がっていきます。「感謝してもしきれない」そう息子たちは言ってくれています。

親への感謝が生まれる

留学に関しては、「とても心配で手放せない」という親御さまも多いようです。しかし英語を身につけることだけでなく、その子の成長を考えても留学は非常に大きな意味があります。

わが家の二人の子どもは中学のときに短期留学を数回経験。そして高校1年生の夏から1年間アメリカの高校に留学しました。言葉の壁、文化の違いなどいろいろな苦労を重ねる中で、今までどれだけ愛されてきたのか、ということに気づき、**父親への尊敬と母親への感謝の気持ち**を持ち帰ってくれました。これはもしかすると、一緒に暮らしていたのでは感じることができなかったものかもしれません。

留学で友人が3倍になる

次男は「兄貴も行っていたし」とごく自然に留学をしたのですが、長男は同級生の友達と離れ離れになるのがイヤで、**最初は「留学はしない」と頑なに拒んでいました。**

でも高円宮杯全日本中学校英語弁論大会で3位に入賞し、高円宮妃の前で行った上位三人の御前スピーチを聞いたジャッジの先生に請われてビジネスマン向けのセミナーでゲストとしてスピーチを披露。聞いてくださった大人たちに、「絶対留学した方がいい」と勧められます。

そして更に、小さい頃通っていた英会話の先生に「行って戻ってきたら友達が2倍に増えるよ。今の学年と、戻ってきた学年の友達と。自分がそうだったから」と、背中を押してもらったのです。

「友達は2倍じゃなくて、3倍になった」。長男が帰国したときの言葉です。アメリカの高校での友達も加わったからだそうです。世界に友達をつくるという面だけを見ても、留学する意味はあるのです。

留学と受験の関係で気をつけること

長男の高校は、留学を終えて戻ってくるときに一つ下の学年に入ることに決まっていたのですが、**次男の高校は元の学年に戻すという決まりでした。**

元の学年に戻れた方が無駄がなくていいような気もするのですが、一概にそうとはいえないのです。

例えば息子たちのように高校1年生のときに留学すると、高校数学の基礎がすっぽり抜け落ちてしまいます。そして次男のように、戻って来て高2に編入すると、高1の2学期・3学期に習う「数1」、高2の1学期に習う「数2」や、化学や物理の基本的な知識がないまま受験を迎えることになり、**非常に厳しいのです。**

結局浪人の1年目は、その穴を埋めることに費やしたことになりますから、留学後にどの学年に編入するかを選べるのであれば、よくよく考えて決めた方がいいと思います。

長男

留学で圧倒的に社交的に

中学2年生の夏に、3週間ほどオーストラリアへ留学させてもらいました。1年半のシャドーイングの成果がどの程度か、確認する良い機会になりました。

今まで習ったことをフルに活用して「この場ではどういう風に言ったらいいのかな?」と実践してみました。本当に自分の英語が使えるのかを試すことができたのは、非常に意味のあることでした。

中学2年生くらいになると、関係代名詞も習っているので、それを使ってわからないものでも説明できることに気づきました。「名前は知らないんだけど、こういうものあるじゃない、あれ好きなんだよね」のように。勉強した内容で自分のコミュニケーションの幅がこんなに広がるんだ、とこの留学を通して実感しました。

高校1年生のときはテキサスへ1年間留学をしました。この留学が人生を変えてくれました。

まず、社交性が身につきました。小さい頃は社交的というタイプではなかったのですが、留学先では知り合いが一人もいないため、頑張って自分で友達をつくらなければなりません。社交的にならざるをえないのです。その後、社交性という新しく獲得した武器を使えば、新しく友達をつくるなんてたやすいことだと思うようになりました。

またそのときに感じたのは、親がいかに素晴らしいかということです。これまでどれほど親に全てをしてもらっていたか。親にどれだけ大切にしてもらってきたのか。そういったことが、身にしみてわかりました。

留学させてくれたことに対しては、感謝してもしきれません。

高校海外留学のすすめ
⇒こんな力がつく!

サバイバル力
コミュニケーション力

Chapter 2 まとめ

これまで見てきた通り、英語に関してはかなりの部分、子どもたちが自力で勉強を進めていきました。しかしその下地は母親がそっと手を差し伸べることでつくられます。

自分が「英語が苦手」でも大丈夫

世の中には、子どもに英語を学ばせるための、たくさんの方法があります。そして、その中には「英語が苦手」という親御さまにとって二の足を踏んでしまうようなものも多いはずです。

私自身は、英語はそれほど得意ではありません（一生懸命勉強したのはスペイン語です）。ですから、自信を持って子どもたちに英語を教えてきたわけではありません。わが家で行ってきたやり方であれば、英語が苦手、英語を教えることができないと考えている方でも、迷うことなく取り組むことができるはずです。

まず子どもの耳を育てる。そのために必要なのは、**クラシックの音楽と英**

語の歌。今日では、YouTubeなどで無料で手に入るものばかりです。**できれば0歳から、こういった音楽をたくさん聴かせてあげること**です。子どもを座らせて、しっかり聴かせる必要はありません。バックグラウンドミュージックとして、流しておくだけです。子どもたちもクラシックが流れていたことは、今ではほとんど覚えていないようで「そういえば、朝食のときにはいつもかかっていたよね」などと話しています。実は朝食のときだけでなく、いつもかかっていたのですが。

文字との最初の出会いは、絵本で

アルファベットとの出会いは、絵本でできます。本格的な文法の勉強が始まる前に、絵本の読み聞かせを通じて、ある程度英語の文章を頭にいれておいてあげると、後に子どもたちの頭の中で「覚えているフレーズ」と「文法事項」が、つながりを持つようになってきます。

例えばエリック・カールの絵本**『Have you seen my cat?』(ぼく**

のねこみなかった?)』は、男の子がいなくなったネコを探して、いろいろな人に〝Have you seen my cat?〟と尋ね歩きます。このフレーズがずっと繰り返されるので、子どもはあっという間に覚えてしまいます。このフレーズは文法でいえば現在完了形です。後に文法を習った時に、生きた**「本のフレーズ」と現在完了形が子どもの頭の中でつながってくる**のです。

「基礎英語」のススメ

英語でつまずいている方には、NHKの**「基礎英語」**がいいと思います。これは大人の人にもおすすめです。私は今でも聞いています。中学の英語は本当に大切で、これをしっかりマスターしておけば、勉強においても会話においても非常に役に立ちます。

中学1年生の内容を学べる「基礎英語1」で感動するのは、翌年の2月くらいになると、結構難しいことが言えるようになっていることです。文法がしっかり定着していれば、単語を入れ替えるだけで、すごく立派な文章にもなる。ですから、**中学1年生の英語は本当に馬鹿にできない**のです。

思春期のお子さんに無理に受講させるのは難しいかもしれないので、朝の支度をしながら、バックグラウンドミュージック代わりにラジオを流しておくのがおすすめです。

アウトプットの場を設ける

子どもたちの英語の実力が伸びたのは、アウトプットの場が多かったからではないかと考えています。弁論大会やディベート大会、そして留学もそのうちの一つです。そしてこのような**「本気で英語を話さなくてはならない」という場に置かれたことがよかった**のだと思います。

親はアンテナを広げて、子どもが参加したくなるようなアウトプットの場を探してみましょう。勉強の成果を確認できれば、子どものモチベーションも英語の実力もぐっと上がっていくはずです。

column

イェール大学、語学プログラムのすごさ（長男の体験談）

大学在学中にスペイン語、中国語が話せるようになったのは、イェール大学のプログラムが充実していたからです。

語学のクラスはどの語学でもL1からL5まであり、自分のレベルに合わせて、クラスを選ぶことができるようになっていました。1年生の最初で履修したのはスペイン語です。もちろんL1からのスタートでした。

初めてのスペイン語の授業。「L1はここかな？」と教室に入ると、先生がなにやらスペイン語でばーっと話しています。「ああ、上級のクラスだった」と思って出ようとしたら、これがL1でした。スペイン語でスペイン語を勉強するという形の授業なのです。もちろん初めは何を言っているか全くわからなかったのですが、だんだんとわかるようになるものです。

2カ月ほどある長い夏休みの間にも、スペイン語のクラス、しかも短期集中型のクラスが開校されていました。1年の間にL1、L2を履修し終えたため、L3はイェールでの「1カ月プログラム」で履修、残りの1カ月はイェールの教授とともにスペインのデウスト大学へ行き、そこでL4の単位を履修しました。1年生から2年生になる前の夏休みまで、丸1年間で、スペイン語が獲得できました。

スペイン滞在も後半になると、普通に聞けて、普通に話せるようになっていました。仕事でスペインに来ていた母が訪ねてきて、先生とともに食事をしたのですが四人で3時間に渡り全部スペイン語で話すことができました。「これでスペイン語も一段落したな」と感じたのはそのときです。

語学が楽しくなってきたので、次は中国語にチャレンジすることにしました。単位的な問題で、なるべく短い期間で中国語を履修したかったので、北京大学で履修できる「短期集中プログラム」に応募しました。2年生の2学期です。L1・L2を中国で、それも3カ月半という短期間でしたが、出かけたり買い物するくらいは不自由なくこなせるようになりました。

生徒の希望に応じて、短期で履修できる様々なコースが用意されていること、現地で単位を履修できるコースがあることは、イェール大学の語学プログラムの大きな魅力です。

Chapter

3

親子で、家庭で、一緒にできる勉強法

机ではなくリビングで勉強する

わが家の子どもたちの勉強スタイルは小さな頃から大学受験まで、基本的にはずっと「リビングで」「みんなで」でした。家族で会話をしながら、わからないことがあればすぐ聞ける。リビング勉強法は本当に多くのメリットがあります。

勉強机は使わない

子どもたちには**勉強机を買ったのですが、全く使っていませんでした。**ではどこで勉強していたかというと、**食卓テーブル**です。基本的に自分の部屋にいるのは音楽を聴いたりしているときで、勉強するとなるとリビングにやってくるのです。

小学生の頃は、二人とも宿題などを見てほしがったので、家事をしている間にも質問できるリビングの方が都合がよかったのでしょう。食事が終わっても食卓を囲んで皆何かしらしているので主人も私も、質問をされるとその場ですぐに答えることができました。

このスタイルは大学受験の頃まで続きました。きっと二人とも小学生時代から勉強していた場所のほうが、慣れているし、安心できたのかもしれません。

自分の部屋で勉強をさせるようにすると、親はその子の勉強の進捗を確認することが難しくなりますし、すぐに質問に答えてあげることもできません。子どもにしても「後で聞いてみよう」と思っても、そのままになってしまうこともあるでしょう。

疑問点をすぐに解決できるという点で、リビング学習は最適だと考えています。

「勉強しなさい」と言わない

私は子どもが生まれる前から、将来子どもを持ったら**「『勉強しなさい』と言わないようにしよう」**と心に決めていました。実際、この言葉ほど子どものやる気を削ぐものはないと思います。

私は母から一度も「勉強しなさい」と言われたことがなく、むしろそのおかげで自分から気持ちよく勉強に向かえたと感謝しています。ですから、自分の子どもにも同じように自発的に勉強に向かうようにしてあげたかったのです。

子どもたちは好んでリビングで勉強していました。もちろん勉強がはかどっていないこともわかるわけです。でも決して「勉強しなさい」とは言いませんでした。いつもどうすれば子どもが自分から進んで勉強するようになるかを考えていました。

親も「一緒に」勉強をする

子どものやる気が低いときや勉強をしないときに、一番効果的なのは、**親も一緒に勉強する**ことです。そのため主人も私も子どもと一緒になって勉強することが多々ありました。小学生の頃、子どもがなかなか勉強モードに取りかからないときには、

「宿題あるの？　一緒にやろうよ」

と声をかけていました。

そして宿題を出してもらって、主人も私も一緒にやり始めるのです。同じ割り算のプリントをコピーして、「ヨーイ、ドン！」でスタートします。早く解けた人が勝ちです。子どもは負けず嫌いなので、こうなると必死になります。そして親は絶対に手を抜きません！　これが大切。いつでも真剣勝負です。

過去問もみんなで解いてみる

高校受験・大学受験の過去問は、親子三人で解いていました。

まず、過去問を3部コピーします。そしてタイマーを用意し、主人と私と子どもとで「いっせーのせ」でスタートします。

次男の高校受験のときは、毎回英語は私が一番、数学は主人が一番、国語は次男が一番という結果になりました。

得意分野がみんな違っていたのがよかったようです。私は数学があまり得意ではなかったので、「どうやって解いたの?」と主人に教えてもらいました。母親の私がどんどん質問するので、反抗期の次男も主人に素直に教えてもらっていました。

国語の先生はもちろん一番得意な次男です。私が「どうしてこの問題はこれじゃだめなの?」と聞くと、わかりやすくその理由を教えてくれました。

このように**それぞれが得意科目の先生になり、教え合う**ことで、過去問を効率的に解き、知識を定着させることができました。

母親も資格試験など「自分の勉強」を

子どもが大きくなり宿題を教えるということも少なくなってくると、私も自分の時間が持てるようになりました。そこで**いろいろな資格試験にチャレンジ。**簿記三級に始まり、それに合格したら今度は簿記二級へ。それに合格するとさらに二級建築士を目指して勉強を始めました。家を建てるときに、長年の夢を叶えるためいろいろこだわってしまい、それを見ていた建築士の先生が**「奥さんは絶対二級建築士を取った方がいい」**と平行定規を貸してくれたことがきっかけです。

そこで「ものは試し」と思い、資格を取るために学校に通い始めました。私が30代半ばのことです。久々に真剣に数学に取り組んだりして、これがとても楽しく、毎晩子どもたちと一緒になって勉強していました。

「大人になっても勉強する」姿勢を見せることは「勉強しなさい」と言うよりも、はるかに説得力があったと思います。

家の中に勉強の「仕組み」をつくる

知らず知らずのうちに勉強をしている、そんな「仕組み」をつくってあげられるといいと思います。例えばわが家では食器棚に将軍の名前をつけていました。楽しく、子どもの好奇心を育ててあげましょう。

「それは〝綱吉〟に入っているよ」

わが家には徳川15代将軍の名前がついている食器棚がありました。

食器棚は引き出しが多く、「上から2番目の右側の引き出しに、スプーンが入っているから取って」などと言うのを面倒に思った長男が、「引き出しに名前をつけよう」と言い出しました。

何にしようか考えた長男が「徳川の将軍にしよう」と。そこで、左上から順に、「家康、秀忠、家光、家綱、綱吉」と慶喜まで、徳川15代将軍を当てていきました。15では足りなくて、その後は北条家に。「時政、義時、泰時、経時、時頼」と続きます。これがなかなか便利。その後は例えば「それは綱吉に入っているよ」と言えばすむようになりました。

結果的に子どもたちは、徳川15代将軍、北条16代執権をすんなり覚えることができました。このように、**何かにかこつけて暗記してしまう**というのは、良い方法です。それが日常的に周囲に「存在する」ものであればなおさら。実際の「物」と「暗記すべきこと」を結びつけて覚えることができ、日常生活の中で、常に知識を確認することができるからです。

勉強の話で一家団欒する

わが家では夕食のときに、その日にあったことや学校で習ったことを話すという習慣がありました。今でも家族で食事をするときには定番の会話です。

「今日何があった?」

から一歩踏みこんで小学生であれば、

「算数は何を勉強したの?」

のように具体的に聞いてみます。例えば算数の場合ですと、子ども：「分数をやったよ」
母：「分数の何をしたの？」
子ども：「ええと、かけ算」
母：「どんな問題だった？」
子ども：「うーん。2／3×3／5とか」
母：「へえ、難しいじゃない！　答えは何？」
子ども：「簡単だよ！　6／15だから、2／5だよ」
母：「なぜ6／15が2／5になるんだっけ？」

といった形で会話を展開していきます。

「知らない」で終わらず「教えて」に

子どもに「～って知ってる？」と聞かれたとき、知らない場合は**「あら、わからないわ。教えて」**と答えます。そうすると、「仕方ないなぁ」などと言いながら、一生懸命授業の内容を説明してくれます。

このような会話の中で、子どもはその日に学んだ知識を確認することができます。説明することが復習になりますし、上手く説明できない部分があれば、そこは自分でもまだよくわかっていない部分である、ということに気づくわけです。

この習慣は、今でも続いています。医学部生になった次男は医師である主人に、習ったばかりの最新の医学知識を披露しています。主人も「なるほど」などと言いながら興味深げに話を聞いています。ただ、時々訂正をしたりしているので、もしかするとすでに知っている話もあるのかもしれません。

次男：「MRIで水分が高信号になるのはT1、T2どっちだ？」
父：「ん～T1かな」
次男：「はずれ。T2でしたあ」
父：「俺の頃はまだMRIなかったからね」
次男：「うそつけ！」

忙しい母親でも「ながらクイズ」を

私は家事をして手を動かしながら、子どもにクイズ形式でいろいろ問題を出題しました。例えば、小さい頃はことわざクイズ。

「門前の小僧、習わぬ……はいっ！」

「経を読む！」

大きくなってからは入試問題。

「人間は考える葦である。……はいっ！」

「パスカル！」

と間髪入れずに答える方式。少しでも考えていると「5・4・3・2・1……ビー時間切れです」と言われてしまいます。急いで答えなければならないので子どもも大変ですが、何を出題するかいろいろ考えなければならないので、親も大変。でも、知識がどれくらい定着したかを知ることができます。

応用編として、**逆に子どもたちから問題を出してもらう**こともありました。「どこを出そうかな」と教科書の中からキーワードを探します。出題者の立場になることで、どの部分が重要なのかわかってきます。

「10回言ってみて」×2回

これは主人の十八番ですが、**よく「10回言ってみて」攻撃をしていました。**

試験前、子どもたちが家でのんびりしていると、「おい、そんなぐーたらしているということは、完璧なんだろうな」と言って、問題をその場で出すのです。「～の項目を5個述べよ。はいどうぞ！」などと言ってその場で答えられないと、

「じゃあ、10回言ってみて」

となります。そして子どもたちはお経を唱えるように10回その言葉を繰り返します。それで覚えるかというと、実際には半分くらいしか頭に入らないのですが、念のために主人は翌朝起きたときに、

「昨日10回言ったやつを言ってみて」

と反復させていました。

とくに次男は**「書く」よりも「耳で聞く」方が記憶に定着するタイプ**なので、主人の考案したこの「10回攻撃」は有効だったようです。

家の外にも勉強の「仕組み」をつくる

働いているからなかなか家で勉強を見る時間がない。そんな悩みを持つ母親も多いと思います。私も社会人デビューしてからはそうでした。でもそんな場合は家の外にも「仕組み」をつくってあげればいいのです。

夜ゴハンは手抜きでもOK

私は長男が小学2年生、次男が幼稚園の年長のときに、夫が始めたクリニックで一緒に働き始めました。当初は仕事が終わるのが夜の10時という生活でした。

自営のクリニックなので人手が足りないときには、自分が二人分も三人分も働くことになります。一日100人以上の患者さんと話をするような日はもうへとへとに疲れてしまって、夕食の支度ができないこともありました。

そんな日には、**皆でよく外食に行きました。**朝ご飯とお弁当は手を抜かないので、夕食だけは許してもらっていました。さすがに3食を完璧にこなすというのは難しかったです。

外食では「お箸袋勉強法」をルーティンに

おそらくこんなことをしているのはわが家だけだと思いますが、外食するときは**「お箸袋勉強法」**をしていました。

どのようにするのかを説明します。

1：まずはお箸袋をキレイに開きます。
2：教科書から選んだ数式をそこに皆で写します。
3：誰が一番先に解けるか「ヨーイ、スタート！」です。
4：一番最初に回答できた人が勝ち。

お箸袋はわが家にとってテレビゲームと一緒です。忙しい毎日の中で同じ話題で同じ時間を過ごす。勉強というよりレクリエーションという位置づけでした。

ナンバープレート計算

ナンバープレート計算はご存知の方も多いと思います。目に留まった車のナンバープレートの数字を使います。プレートの四つの数字を**「足す、引く、掛ける、割る」**をして10をつくる、というゲームです。

例えばある車のナンバーが、

1385

だとすると、これらの数字を1回ずつ使って10をつくります。線が引いてあるように、元の数字はそれぞれ1回しか使えません。

8－5＝3
3×3＝9
9＋1＝10

となります。そして ただ10をつくるだけではなく「10を何通りつくれたか」を競います。この数字なら、まだまだ答えがあります。

1×3＝3

8－3＝5
5＋5＝10

このようにどんどん新しい解き方を見つけて、それぞれ教え合うということをしていました。書かないで頭の中で計算しますから、少し難しいのもいいところです。**暗算の基本的な力をつけることができる**のでおすすめです。

ディズニーランドで「知能クイズ」

私は「知能クイズ」が大好きです。知能クイズとはこっちのマッチ棒とこっちのマッチ棒を動かして四角を作る、といったような問題です。

よく外出したときの待ち時間などに問題を出していました。誰が一番に解けるかを競っていたのでディズニーランドの**2時間の待ち時間などはあっという間**に過ぎてしまいます。

現在文科省が進める教育改革で入試の傾向がどんどん変わっており、**知識をストックする形からその子が持っている思考力を試す**ような問題が増えているそうです。気づかぬうちにわが家は時代の最先端を行っていたのかもしれません。

しりとりは最強

子どもたちが小さい頃は、しりとりをよくしました。しりとりは**いつでもできるし、歩きながらでもできる、道具もいらない優秀な遊び**だと思います。普通のしりとりができるようになってからは、文字制限をつけて行いました。三文字しばり、五文字しばりなどです。

三文字しばりであれば、「コアラ、らくだ、だいず」のように続きます。五文字しばりはなかなか難しく、「カブトムシ、しゅくだい、いいんかい」のようになります。

このしりとりでずいぶん語彙が増えたと感じています。文字数を増やせば、小学校高学年になってからでも楽しめるのも良い所です。

地名しりとり、英語しりとり

小学生のときには、地名だけのしりとりもよくやりました。国名や県名だけではなく、自分が知っている小さな町の名前でも、地名なら何でもOK。「とうきょう、うわじま、まつしま」のような感じです。日本各地をめぐっていた頃は、旅行先の駅名が出てきたりして、「そこ行ったねー」「よく覚えているね！」などと、なかなか楽しいものでした。誰かから知らない地名が出てきたときには、「それどこ？」と地図で確かめて、「ここには何があるのかな」と発展させました。

中学高校になってからは、英語しりとりもしました。英語のボキャブラリーが増えれば増えるほど楽しめます。念のため解説すると「expect、take、eat」のように、スペルの末尾が次の単語の始まりになります。

賢くなってくると全部「tion」で終わらせて相手を苦しめたりします。そうすると「n」からしか始められないのでどんどん難しくなります。

遊びながら頭の中でスペルチェックができる、語彙も増える。いいことずくめの英語しりとりです。

言葉クイズ、漢字クイズ

しりとりとは少し違いますが、言葉クイズもよくしていました。「『お』で始まって『ら』で終わる3文字言葉なーんだ」のように。なんとなく男の子が汚い言葉を連想させるようなものをわざと出したりして、「え〜そんなことを考えていたの？」などとからかったりもしました。

もう少し大きくなってからは「バラって漢字で書ける？」「コウモリって漢字で書ける？」「うかんむりの漢字いくつ書ける？」「にんべんの漢字いくつ書ける？」などもよくやりました。

子どもたちも、自分が難しい問題を出題したくなるので、国語辞典などを引いて、書けそうで書けない漢字がないか調べていたようです。

クイズ合戦のススメ

他にも、**子どもがそのときに勉強していることは、全てクイズのテーマになります。**

日本史の飛鳥時代を勉強しているという話が出たら、教科書を見せてもらいクイズになりそうな部分を探します。例えば、

「聖徳太子が摂政になったのは何年でしょう?」

といった感じです。

オリジナル語呂合わせ

ちなみにわが家では、「なかなか覚えられない」という歴史の年号や社会の暗記項目などは、**皆で語呂合わせを考えました。**自分たちで知恵を出し合って考えると忘れないものです。

わが家で考えたものをご紹介しましょう。

まずは社会の暗記事項から。

〈「○○の産業が盛んな都市の覚え方」編〉

「豊橋くん、ゴメン」

…豊橋市は綿織物業が盛ん。

〈「農作物の都道府県別生産量ランキング」編〉※順位は当時のもの

「たまたま、北へ兵さがる」

…たまねぎの産地量の順位

1位北海道、2位兵庫、3位佐賀です。

「急に軍艦再浮上」

…きゅうりの産地量の順位

1位群馬、2位埼玉、3位福島です。

「みかんの絵は静か」
…みかんの生産量の順位
1位愛媛、2位和歌山、3位静岡です。

次は数学です。

〈「二乗の覚え方」編〉

「いろいろにゴロン」
16×16＝256

「『いいな、いいなー！』に吐く」
17×17＝289

「いやいや行くぞ、さあ西へ」
18×18＝324

「行く行く北へ、うう寒い」
19×19＝361

column

イェールだけでなく、東大へも「入学」

長男が志望していたアメリカの大学は年末が応募締切。出願を終え、お正月から約2週間、学校で選択していなかった倫理をひたすら勉強。後はセンターパックという想定テストを解いて、センター試験に臨みました。無事足切りをクリア。でもここで問題が発生。東大2次試験までの約1カ月間にアメリカの大学の面接が入るのです。

面接は日本在住の卒業生によって行われ、英語で志望動機や活動実績などを質問されます。直接合否には関係ないとされていますが、もちろん熱が入ります。前日にはその大学の建学の精神や歴史、主な卒業生などを予習。その度に東大の勉強は一旦休止。英語の世界にどっぷり浸かります。

繰り返される日本の受験勉強とアメリカの面接試験対策という全く別のテーマの交錯に嫌気がさしたのか、1月末に突然「もう東大は受けない！」と啖呵を切り、主人と大喧嘩になりました。「お母さまはね、人生で三つもやりたいことを諦めてきたの。でもあなたは何も諦めなくていい。アメリカに行きたいなら、行けばいいの。そんなに東大を受けることは嫌なこと？　たった2日間、お弁当を持って東大で試験問題を解けばいいだけじゃない。勉強はもうしなくていいよ。あなたが18年間真面目にコツコツ積み上げてきたことを、力試しすればいいだけなんだから」と言いました。それから、当時彼が一番心を許しているベネッセの担当者に連絡して説得を依頼しました。

「授業の予習復習さえしていれば、塾に行く必要はない」というのが彼が通っていた高校の学校方針。実際東大のための対策は何一つしませんでしたが、無事理科2類に合格し、「入学」しました。

東大に通ったのは夏にアメリカに行くまでの4カ月間ほどでしたが、新たな仲間の輪が広がり有意義だったようです。その後休学届けを出し続け、イェール大学の卒業が確定した時点で退学届けを提出。今では東大を受けてよかったと言ってくれます。

おわりに

正直申し上げて、自分が教育についての本を書くことになろうとは思ってもみませんでした。それはきっと自分の考えてきた教育方針が、多少オリジナルの要素を含んでいると自負しつつも、それほど特別とは思っていなかったからかもしれません。一度も「勉強しなさい！」と子どもに言ったことのない、いわゆる「教育ママ」とは対極に位置する私の教育方針で育った息子たちが、最終的に「受験という枠組みの中での成功者」と認識されるようになるとはうれしい誤算とも言ってもいいかもしれません。

「東大に合格すること」や「医学部に合格すること」を最終目標に据えてこなかったことが彼らをのびのびと自由にさせ、自分の夢を自分の手で模索し構築することのできる強さとしなやかさを身につけることに結びついたに違いないと確信しています。

純粋に、豊かな人間性を育むことを主眼としてきて、心からよかったと思います。

おわりに

今回本を書いたことでうれしかったことが二つあります。
一つは息子たちの視点で私と主人の教育方針についての査定をしてもらうことができたこと。もう一つは、がむしゃらに爆走してきた自分の「第二の人生」を、落ち着いて振り返ることができたことです。

息子たちと一緒に幼少期の思い出話をしていると、彼らの認識と私の思いがかみ合っていなかったという事実も幾つか浮かび上がりました。私自身はとても頑張って実践していたことなのに、全く覚えていないと言われて拍子抜けしたり、いったいどうなるのかしらとやきもきしていたのに、当の本人は意にも介していなかったという事実に驚いたり。小学生時代、長男は英語教室が大っ嫌いだったという件は「楽しんでいる」と勝手に勘違いしていただけにショックでしたし、中学時代、次男が「イジメを受けている」という事実を冷静に受け止め、「時間が解決してくれる」と考えていたと聞いたときは衝撃が走りました。

未だに後悔している次男の中学受験のことも、「お母さま、僕が受験に失敗したのは当たり前だよ。だって小学生のときって今振り返ってもなーんも考えてなかったなって思うもん。でもあのとき受験しないでそのままエスカレーターで中学に進んでいたら、今の僕は存在しないわけなんだから、僕はこれでよかったと思っているよ。まぁ、かなりいろいろ苦労はしてきたけどね」と言ってくれました。長年重くのしかかっていた胸のつかえが取れ、私の想像をはるかに凌駕する勢いで成長している次男を心底頼もしく思いました。

インタビュアーさんに聞き書きしていただくことで、子どもたちの生の声を記録として残せたことはとてもよかったと思います。よりクリアに彼らの考え方を知り、思いに触れることができました。「自分の人生を考えるとき、両親には感謝しかない」という長男の言葉も心温まる贈り物です。

息子たちはまだ20数年の人生。これからどのように花を咲かせていってくれるだろうかと楽しみでなりません。また彼ら自身が親となったとき、彼らの教育方針の中に私のメソッドが散りばめられていたら素敵だなと思います。

この度、このような貴重な体験をさせてくださり、分刻みのスケジュールの中で思うようにはかどらない原稿作成をじっと辛抱強く待ってくださったＫＫベストセラーズの竹林徹さん、そして私の細切れでおぼろげな記憶の断片を丁寧に紡ぎとってくださると同時に、深い洞察力と旺盛な好奇心で子どもたちの素晴らしいインタビューをまとめてくださった黒坂真由子さんのお二人に心より感謝申し上げます。

また、50年間私を認め励ましてくれる愛のかたまりのような母、寡黙だけれども状況に応じて相応しい本をそっと差し出し導いてくれた今は亡き父、そして何といっても密に連携を取り共に歩んできた同志である主人。大切な家族三人にも心からありがとうと伝えたいです。

最後になりましたが、この本をきっかけに可愛いお子様とのかけがえのない時間を愛おしく思うママ、パパ、おばあちゃま、おじいちゃま、そして身近に子どものいるすべての方々が、より一層子どもたちに「愛」を伝えていってくだされば、こんなにうれしいことはありません。

小成富貴子

著者紹介

小成富貴子（こなり・ふきこ）

上智大学卒業。在学時スペインに1年間留学。クリニック経営やスペイン文化発信など複数の仕事を掛け持つ「働く母」。長男をイェール＋東大という日米の最難関大学、次男を難関国立大学医学部に送り込む。他長男は、高校２年生時に世界ディベート大会に出場、高校３年生時に参加した模擬国連世界大会で日本人初の優秀賞を受賞するなど国際大会でも活躍。その２人の息子を育てた独特の教育法は「AERA」「バイキング」でも紹介され話題に。本書は「どこに出しても恥ずかしくない子どもを育てる」「わが子を真の国際人に」という信念のもと、教育の専門家ではない著者がオリジナルな視点で考え、編み出したメソッドを凝縮した1冊。

イェール+東大、国立医学部に2人息子を合格させた母が考える

究極《きゅうきょく》の育《そだ》て方《かた》

2017年3月30日　初版第1刷発行

著　　者　小成富貴子《こなりふきこ》
編集協力　黒坂真由子
発 行 者　栗原武夫
発 行 所　KKベストセラーズ
〒170-8457
東京都豊島区南大塚2丁目29番地7号
電話　03-5976-9121（代）
http://www.kk-bestsellers.co.jp
印 刷 所　近代美術株式会社
製 本 所　株式会社積信堂
D T P　株式会社アイ・ハブ
装 丁　ソウルデザイン
校 正　三好美津子

定価はカバーに表示してあります。
乱丁・落丁本がございましたらお取り換えいたします。

ISBN 978-4-584-13786-4　C0037